[英国] 克里斯托弗 · 戈托—琼斯 著　顾馨媛 译

现代日本

牛津通识读本 ·

Modern Japan

A Very Short Introduction

译林出版社

图书在版编目（CIP）数据

现代日本/（英）戈托—琼斯（Goto-Jones, C.）著，顾馨媛译．
—南京：译林出版社，2014.7（2022.5重印）
（牛津通识读本）
书名原文：Modern Japan: A Very Short Introduction
ISBN 978-7-5447-4238-2

Ⅰ.①现…　Ⅱ.①戈…②顾…　Ⅲ.①日本—研究
Ⅳ.①K931.3

中国版本图书馆 CIP 数据核字（2014）第 072562 号

现代日本［英国］克里斯托弗·戈托—琼斯 / 著　顾馨媛 / 译

责任编辑　何本国　陈　锐
责任印制　董　虎

原文出版　Oxford University Press, 2009
出版发行　译林出版社
地　　址　南京市湖南路 1 号 A 楼
邮　　箱　yilin@yilin.com
网　　址　www.yilin.com
市场热线　025-86633278
排　　版　南京展望文化发展有限公司
印　　刷　江苏凤凰通达印刷有限公司
开　　本　890 毫米 × 1260 毫米　1/32
印　　张　9.5
插　　页　4
版　　次　2014 年 7 月第 1 版
印　　次　2022 年 5 月第 8 次印刷
书　　号　ISBN 978-7-5447-4238-2
定　　价　39.00 元

序言

毛丹青

我把自己看成为一个行走的人，有时就像看别人一样。如果坐下来看别人走，也许会受到一种鼓舞，因为别人的走对自己的不走也许是一个嘲讽。

26年前刚到日本的时候，住在乡下，最先看到的行走的日本人是一位老太太。我发现她的手指头很粗，胳膊上的筋络十分明显，犹如老树的盘根一样。她一家都是农民，儿孙满堂。这么大岁数了，白天还开拖拉机，在田里开来开去。她的腰很弯，弯得像猫刚刚睡醒以后弓起来的背。可是，就是这么一位日本老太太，每天清晨都要行走！无论是刮风，还是下雨，她从不间断。

有一天，台风来了，一大早她一个人又出去了，沿路实在走不动的时候，干脆就地趴下，整个弯曲的身体死死地盖在冰冷的地上，跟台风抗衡。一直等到突袭而来的大风刮走以后，她才慢慢地起身，一个人继续往前走。

后来，我听她的家人说："老太太每天早上都去寺院拜佛，几十年如一日。有回住了医院，实在去不了，可一到清晨的钟点，她就向着寺院的方向嘟囔'阿弥陀佛'，别的什么都不理睬。"

究竟是什么力量让日本乡下的农家人如此执著呢？尽管那段时间我经常能遇见她，但从未直接打听过，因为毕竟是人家私下的事儿，作为一个局外人，我挺难开口的。

于是，这样一个细节留给我的是一个谜。当然，退一步说，即使我直接问问她，只要她乐意，其实也无妨大局，说不定日本老太太一见有人跟她聊天还会高兴。但最终，我还是没问她，把对日本人的好奇暂时留下来了。

不用说，好奇是可以留下的，可以留到心里面去，但好奇本身却会增长，而且随着旅居日本的年头越来越长，类似这样的情景时有发生，有的令人莫名其妙，有的让人感叹，甚至佩服，当然也有的叫人厌恶！

我对日本的观察来源于日常的生活，好奇心的产生几乎全部可以落实到某一件事情上，或者跟刚才的日本老太太一样，可以落实到某一个具体的人物身上。正因为如此，揭开日本这个谜的愿望反倒变得不像愿望了，比起得到一个什么正确答案来，我更关注的是日常的日本和日本人。

《现代日本》是一本日本以外的作者书写日本的书，这种书写情景自从进入21世纪后变得越来越多了，因为，所谓日本，已不是唯有日本人才享有排他性的特权来观察与分析，就像日语本身一样，由日本之外的人以日文写作而夺得文学奖项的事情早已不再稀奇了，而往往在很多场景下，非日本式的叙述反而更能让读者认清日本。《现代日本》除了达到了这一目的以外，还有一点值得细读，即“正常国家”与我文中提到的“日常的日本”。是为序。

目录

致谢和体例

若干重要历史人物的略称通常是其名而非其姓，例如德川家康常略作家康，织田信长略作信长，丰臣秀吉略作秀吉。但这些人名是特例，除此类特例外，本书中的日文姓名入文时遵循固有顺序，即姓氏在名字之前。长元音以长音符号表示，例如“Nishida Kitarô”（西田几多郎），但英语中常见的一些日语词省略了长音符号，例如“Tokyo”（东京）。日本人不在名词后加“s”来表示复数，如samurai（武士）、daimyo（大名）等词单复数同形。

我在此感谢雷那·密特、里奇·克斯滕、安格斯·洛克耶及牛津大学出版社的各位匿名评审人，他们给予我大量建设性的意见，并理解撰写这本极简小书的难处。不过，所有的错误和有欠明了的表述及任何错谬都由我来承担责任。我还要感谢此书编辑安德列·基甘，他自始至终给予我极大的鼓励、对我保持充分的耐心（尤其是当我的硬盘在大阪出了大问题以后）。我同样要感谢现代东亚研究中心为我旅居京都写作此书提供的赞助，感谢伊瑟千方百计为我争取时间，感谢望[①]和农场的其他人，感谢我在莱顿大学的学生，学生们使我逐渐认识到解释比假定更为重要。我希望这本小书在正确的方向上迈出了一步，尽管我并

---

① 音译。——译注，下同

不敢作此假定。

事实上，我还要将这本书献给我的父母，他们一贯支持我对日本的兴趣，尽管他们并不了解日本的有趣之处。我希望这本书能帮助他们获得解答。

引言：现代日本何处“现代”？

今天，许多人首先将现代日本看成一个经济强国。很多论者认为，日本将堪称空前的富裕、极其稳定的社会和显而易见的和谐结合在一起，是当今最成功的工业（甚或后工业）经济体。尽管近期遭遇了经济问题，尽管中国正在迅速崛起，根据大多数指标，日本依然是世界第二大经济体，排名仅次于美国。[①]全世界都在消费日本的商品和文化产品，包括动画片、家用电子游戏、汽车、半导体、管理技术和武道。

综合各方面来看，日本的上述形象使其成为当今世界“现代性”的象征。然而，在许多非专业人士眼中，日本这个国家仍然是一个谜，它既陌生又熟悉，既传统又现代，甚至既“东方”又“西方”，如蒙太奇一般令人困惑。我们将会看到，这样的困惑部分源自一种假设，即认为现代性在所谓的“西方”只引起了轻微的文化失谐，而在日本及其他国家，现代性的外在特征却显得缺乏连贯性，甚至令人费解。这一假设的根基在于现代性与欧美历史的深层纠葛。事实上，在当代世界，许多人认识到上述纠葛，并且正是据此抗议全球化与资本主义：在很多人看来，来势汹汹

① 中国已于2010年超越日本，成为世界第二大经济体，日本现居第三。

的现代之潮象征着西方的扩张。

让我们略作停顿，考察下述切近的景观，以为实例。

对现代日本的认知：2002年世界杯

日本和韩国获得2002年国际足联世界杯决赛阶段比赛联合举办权时，欧洲曾多少抱有疑虑：1994年美国世界杯的东道主富有但几乎不懂足球（或者更确切地说是不懂“英式足球”①），举办世界杯是为尝试在美推广足球，首次由亚洲国家主办的世界杯，会不会成为美国世界杯的翻版？欧洲公众知美国少，知韩国、日本这样的“远东”国家更少：他们知晓任天堂、索尼和大宇，他们知晓空手道和跆拳道，他们知晓珍珠港、广岛和朝鲜战争；他们不知道日本的“J联赛”②是世界上盈利状况最佳的足球联赛之一，他们当然更无法预见，韩国能闯入半决赛（在半决赛中负于德国），一路击败意大利和西班牙这样的“欧洲列强”成员，最终取得的成绩要好于赛前那些大热门，比如英格兰、阿根廷及卫冕冠军法国。大体而言，日韩两国对足球抱有巨大热情，并有很好的竞技水平，这令欧洲感到惊讶。

有一个问题值得思索：为什么会有那么多人对足球在东亚获得的广泛关注感到惊讶？原因部分应归结于那些广为流传的日本形象，“西方”公众一直被那些形象包围着。例如，在报道世界杯时，庄重的英国广播公司为赛事制作了两段优美的宣传片。第一段在赛事开始前几周播放，时长两分钟，采用日本动画

---

① 英语中以“soccer”指英式足球，也即通常所说的足球；而“football”既可指足球，也可指美式足球即橄榄球。这里是说美国人熟悉美式足球而不懂英式足球。

② 日本职业足球甲级联赛。

风格——如今全世界上过荧屏的卡通作品中，日本动画占60%，它们作为媒介传播极广。短片以充满激情的旁白开场：“每隔四年，地球四个角落的伟大英雄就会聚集，去竞争人类所知的最高奖项……”，横版卷轴过关游戏和武侠片的爱好者一定熟悉这样的旁白。背景是日本汉字和韩国的文字，字符程式化地闪烁、不祥地跳动着。然后短片突然转换到了科幻般的场景：一只足球像火箭一般被踢进空中；电脑屏幕和霓虹灯一边追踪着足球，一边闪烁并发出蜂鸣；有未来感的浮力舱托着一个人，那人有条闪烁的、金属的义肢（原来是具有超人般天赋的法国队队长齐达内）；接着是一连串动画化的足球英雄（没有一个是日本或韩国球星）掠过（日本）城市中布满霓虹的街道，去追寻那只“火箭”。

这段时长两分钟的宣传片老套且程式化，充斥流行文化元素，满含暗示，将日本表现为具有未来感的酷炫乌托邦，表现为生控体和电子计算机化的科幻王国——威廉·吉布森在其经典科幻小说《神经浪游者》（1984年初版）中极好地描绘了此类国度。此外，似乎没有任何日本人或韩国人与实际的足球有关系，虽然片中有许多人在街头赞赏地看着那些外国足球英雄。

转播每场比赛时都有开场白，第二段宣传片即穿插其间。这段宣传片的影像呈现出远为浪漫的蒙太奇效果：首先是慢镜头——一座湖边寺庙伴着晨曦，接着是佛像眼部的特写，飘扬的日本国旗，几名相扑力士，飘扬的韩国国旗，然后是一些锦鲤。此时，一只足球被踢进模糊的光斑，并将我们带往以下影像：又是佛像，一幅城市景观（有霓虹灯和一座寺庙），一个足球场（配上一名巴西球员），一些传统韩国舞蹈，大卫·贝克汉姆，再添上些韩国舞蹈，又一名相扑力士，又一座寺庙，一个表现艺伎

（或妓生）[1]的慢镜头，然后是一个缓慢、优美的富士山镜头。这时宣传片突然改变了节奏，我们好像被领入了现代：一列新干线子弹头列车冲入视野，更多不知名的球员，更多列车，更多霓虹灯和可以看见电子屏的繁华街道（电子屏上映着球员），更多传统韩国舞蹈，最后是足球划出的光带在大鸟居（日本神道教中神圣的门）的立柱间闪烁，仿佛鸟居就是球门。

这些意象无疑陈腐且缺乏想象力，却恰恰充分体现了日本在所谓的西方是如何被表征的。姑且不论日本足球运动员在这些宣传片中的诡异缺席，我们看到的是一种典型的混合物——糅合了传统文化（相扑、艺伎、富士山、佛教圣像）和超现代性（子弹头列车、霓虹灯闪烁的城市、生控体）、糅合了神秘元素和科技元素。西方观众本已十分熟悉现代性的外在特征，而日本被表现为以某种方式搬用了（而后又改变了）那些特征的谜一般的“他者”。相扑力士和高速列车出现在同一部宣传片中，制作方认为会使观众产生震动。可这样的组合何以会有冲击力？

关键在于，日本之所以如此引人入胜，不仅仅是因为其文化差异，还因为一个事实，即日本同时还是一个现代的、高科技的非西方国家。从这一通俗的层面来分析，日本显现吸引力，是因为它兼有“东方”传统的悠久历史和奇妙的“西方”现状，观众（或者说英国广播公司）难以消化其中的现代性和西方元素。

换句话说，思索现代性的意义及其完整性，是抱有兴趣的观察者考量日本的另一出发点，因为人们普遍认为日本是历史上第一个“非西方”的现代国家。19世纪中期，日本摆脱了明显的国际孤立，自那时至今日，就是一段现代日本的历史。事实上，

① 艺伎是日本的一种女子职业，以在宴席上提供歌舞为生；而古代为朝鲜国王、两班提供歌舞表演的女子在朝鲜半岛被称为妓生。

这段历史记录了一个国家在遭遇西方强国后与随之产生的影响角力，并同时接触现代性思想和科技的过程。政治层面和思想层面的调整，是上述时期的关键特征。实际上，日本的经历为我们提供了迷人的视角，让我们得以观察国家应对文化、思想、社会、政治及科学变革等复杂问题时的种种方式，尤其当这种应变的需要源自美国舰队突如其来（且不请自来）的造访时。[①]

这本《现代日本》不指望能面面俱到地介绍这一日本历史上令人激动的重要时期，而是会围绕两点思考一系列问题：第一点是称日本为“现代”社会意味着什么；第二点是“现代”这一范畴在不同时期对于分属不同群体的日本人又意味着什么。目前存在这样一种常见的看法，即认为日本在长期孤立期间——或称锁国（17世纪至19世纪）期间——完全与外部世界隔绝，因此接纳其他文化本身便是日本现代性的关键特征之一。上述看法是关于日本历史的假设之一，在后续章节中，本书将挑战多个此类假设。第二次世界大战期间，日本在太平洋战争中惨败，当时的日本显然处境孤立，但即使在那样的时期，文化及社会层面的存续与变化仍然以某些方式相互作用——我们将对此加以考察，由此挑战一种假设，这种假设认为日本原有的传统在战后产生了某种断裂。

最后，尽管本书采用的许多素材不可避免地聚焦于政治、思想及社会精英如何参与日本社会意义深远的转型、如何看待日本的现代性问题，但本书同样要观察普通人是如何体验这些转变的——普通人不仅是历史大潮的消极接纳者，也是在为他们自己塑造现代国家的积极行动者。在某些方面，这种迈向民族自

① 指1853年美国海军准将马修·佩里率军舰强入浦贺港、迫使日本开国的事件，日本称之为“黑船来航”。详见第一章。

决的趋势是现代性的关键特征（同时也是核心问题）之一。

换言之，这是一本关于日本如何卷入现代性的小书，但同时这本书也在探讨如何借日本的经验来帮助我们重新思考“现代”本身的意义和维度。并不是现代性落在了日本，而是日本通过勤勉、艰辛、流血和创新，将自身打造成了今日我们所知的繁荣的现代国家。“现代”一词的含义仍然极具争议，而当我们试图理解现代的维度和历史现实时，日本这一样本有助于凸显涵盖不同国家多样经验的必要性。现代性与西方或许是相关的，但并不是同一的。

“现代”究竟何谓？

一般的（错误）观念认为，“现代”本质上是一个具有时间性或历史性的术语，是指与当代相邻接的一段时期。尽管上述义项可用于日常用语，但思考该词更具专业性和实质性的含义，将

图1 一座建在屋顶上的神社

会远为有益且有趣。在专业性和实质性的框架下，“现代”这一术语是指思想、社会、政治、科学之基准及实践所呈现的某种程度的特殊分布状态。现代乃是相关原理的群集，而不仅指一段时期。据此定义，我们将能够追踪“现代”在不同时期、在不同国家或文化环境中的产生：例如，欧洲的现代是否早于日本？日本的现代是否早于俄罗斯？如果答案为是，原因何在？我们还将能够针对现状提出具有争议性的问题：日本现代吗？如果答案为是，如何解释日本的现代显得迥异于（比如说）英国的现代？这一重要问题也可以换一种提法，即现代有哪些元素是本质的，又有哪些附着于文化土壤？最后，如果能够用这种方式观察现代的产生，我们是否就有可能辨识带有几分“后现代”特征的那些条件？现代在有些地方是否已成为过去、是否已完全出离当代？现代是否在未来保有位置？

上述思路带出一些相当危险的伦理问题。如果我们认可现代事实上是发展的一个阶段，我们如何可能避免（以及应该如何避免）以这些基准来**评判**各个国家的发展状况？换言之，现代这一观念是否夹带线性历史进程的概念，而线性历史进程的概念本以当代欧美理念为顶峰？在第三章，我们将会看到，上述问题早在1940年代就已成为日本知识分子关注的焦点，因为他们努力寻找“超克现代性”的路径。这一超克现代的吁求同日本在亚洲建立帝国的计划纠结在一起。在战后，它又与呼吁日本和亚洲对美国“说不”相联系。

“现代”这一概念显得如此重要，我们又如何定义它的含义和内容？遗憾的是，尽管大多数评论者均认为存在各种症候可助我们解析现代，但人们仍未就现代的精确维度达成共识。比如，一个社会如果显现出工业化和城市化的迹象，就可能会被认为是现代的。一个经济体制如果以遵循资本主义原则建立的市场经济为荣，它就可能是现代的。一个现代的政治体制当围绕核心的民族国家来组织，受大众民族主义的支持，有一个代议政府（可能是民主制）来表达民意。上述政治体制依赖所谓的"现代意识"，即要求具有对个体尊严和个体天赋权利的体认。它假定人们具有一定文化素养、能够（通过教育及公共领域）获取信息，从而能够为自己的最佳利益作出理性选择。这种对理性的强调是基本的：现代的特征就是坚守理性特质、摒弃迷信（或许还有宗教）；坚守科技发展，即社会的机械化。现代人拥有科技之力，得以尝试控制自然、为破坏性武器松绑、用现代医学拯救生命。工业机器使世界变小，意义深远的全球化之所以可能，也是因为工业机器提供了条件：火车就是遍布各处的现代先驱。

上述特质中有许多似乎能在18世纪欧洲的启蒙运动中找到源头，这并非偶然，因为许多评论者正是将启蒙运动看作现代的起源。尤其是，现代这一概念似乎继承了启蒙工程对进步的信念、对普适性真理的热望。然而，记住一点很重要：观察这一观念群集在欧洲的历史起源与声称这些观念本身**实质**上为欧洲所有，这两者之间存在区别。其实，后一种主张恰同启蒙运动的普遍精神背道而驰。而无论是支持还是反对现代性在全球流布的人，无论其身在欧洲还是处在欧洲之外，都经常陷于这种混乱。也许更好的办法是将现代的条件放到对一个由资本主义产业构成的**世界**的各种潜在回应中来观察。

我们将会看到，现代日本的历史包含了对这一重要政治问题的各种立场：一些人企图以拒绝西化的名义拒绝现代性的所有外在特征；而另一些人希望保留日本的传统，但采纳现代理性中"价值中立"的方面；还有一些人认为日本只有实行西化才能真正变得现代，因而支持完全舍弃日本的传统。在某些方面，上述对于身份认同以及传统在社会中的位置的社会文化焦虑都是现代的标志，并且不仅见于日本，而且见于世界各地。现代的特质不仅包括科学方面的重大进展，还包括社会失范和政治动荡。

事实上，对于许多人而言，现代化进程之所以令人如此兴奋又烦恼，正是因为传统与现代之间动态的相互影响。在某些方面，现代这一概念在形成时被赋予了与传统对立的内容——超越安排生活的传统（也即“非理性的”）方式。然而，认为现代应当完全摒弃文化传统的观点属于极端的见解——乔治·奥威尔在小说《1984》中描绘的著名图景就展现了此种见解可能导致的结果。换言之，现代社会不应该意味着文化多样性的终结，但现代人应当换一种方式同他们的传统相处：人们应当识传统为**传统**，而不应认传统为**真理**。

话虽如此，为找到传统与现代之间稳定健康的关系而进行的调整过程困难重重，尤其因为人们赖以衡量成就的现代性标准都与文化脱不了干系。不管是不是喜欢，大多数评论者趋向于退而倚欧洲启蒙遗产为原型，这就导致我们回头陷入了帝国主义的危险。因此，现代社会的关键课题之一就是学习在看到现代时如何进行辨识，即便它看起来不符合我们的经验。否则我们就是在冒险将所有文化差异都视为现代性发展受阻的证据。

本书的结构

本书在一定程度上遵循年代顺序。第一章审视了日本同时经历的两个遭遇。其一遭遇西方世界。1853年，美国海军准将佩里抵达日本，强令“孤立主义者”日本向国际贸易打开国门；其二是遭遇现代思想和社会力量之潮，这些思潮于德川幕府时期就已在日本内部酝酿。现代和西方在此重叠，但并不合而为一。在日本突然出现的现代性来自日本自身。这一章讨论了现代日本常被忽略却至关重要的一个侧面，即历史连续性。

第二章转向明治时期，展现日本在19世纪下半叶如何努力将自身转变为现代帝国。在这一有时被称为“日本启蒙”的时期，日本人热烈地接纳了现代性及其外在特征。第三章推进至20世纪初期，日本成为亚洲强大的帝国主义国家，先后击败清王朝统治下的中国（1895年）和沙皇俄国（1905年），而后企图通过所谓的“大东亚战争”建立庞大的帝国。本章尤其聚焦于现代工业和政治理念的发展如何助推（及反对）帝国主义计划。这一时期的一个关键特征就是某些有影响力的知识分子及政治领袖欲将日本的战争定义为超克现代的尝试。

第四章关注第二次世界大战的结束、盟军占领及日本在战后迅速的经济增长。本章讨论了当时实施的各种社会和政治改革，尤其关注日本社会和文化如何试图理解新的战后现实——或许是在走向后现代认同。

第五章探讨日本在后冷战世界的认同和角色，聚焦于一个关键性问题，即日本有多大能力及意愿去解决其帝国主义残留和“受害者意识”这样的课题。上述在当代日本仍亟待解决的问题决定着日本能否在国际体系中成为“正常国家”。

最后，在“后记”这一章中，本书将思考在21世纪初生活在日本意味着什么。

第一章

日本遭遇现代世界

乍一看，现代日本的起源似乎同1853年美国海军准将佩里戏剧性的造访轻巧地合在了一起。在佩里抵达日本之前，日本看上去是一个封建帝制国家，在长达250余年的时间里，自我封闭、与世隔绝；而在佩里抵日后的50年间，日本着实经历了一场革命——拥有现代工业经济和宪政，并生出殖民帝国的萌芽。许多评论者认为，这一令人惊异的迅速转变是由于日本带着震惊遭遇了西方国家先进的科技和力量。根据这种观点，是佩里叩开了传统日本，并迫使日本进入现代世界。然而在这一章里，我们将会看到事实并不那么简单。

佩里叩关

美国积极向西扩张，在1845年吞并得克萨斯，后又进行美墨战争，最后趁着所谓的“淘金热”，于1850年9月将加利福尼亚收入联邦。美国怀抱帝国主义野心，且欲与英帝国在亚洲竞争有利可图的贸易机会，这促使美国将目光投向更远的西面——隔着太平洋的日本。在上述背景下，海军准将马修·佩里率领他那四艘著名的“黑船”在1853年7月叩关，便像是水到渠成之事。

佩里在海军圈内以热衷于现代化，尤其是热衷于蒸汽动力船而闻名；他在乘美国军舰“密西西比号”完成著名的初访日本之旅以前，就已获称“海军蒸汽船之父”。由是，下述事实也就颇为重要：正是四艘黑色蒸汽船的出现吓坏了驻守浦贺湾（临近江户，江户即东京的旧称）的当地政府官员，让他们史无前例地允许佩里上岸递交美国总统米勒德·菲尔莫尔的国书。直到那时，日本实行被称为“锁国”（sakoku）的官方孤立主义政策，外国人被禁止进入日本本土，仅有少数荷兰商人自1641年起被允许在出岛居住；出岛由人工填海而成，面积狭小，临近偏远城市长崎。国书包含数项要求日本进一步开放贸易的内容，佩里离开浦贺时还放了话：如果美国的要求得不到满足，第二年他将带来更具实质意味的海军力量，迫使日本顺服。

事实上，美国并非第一个叩关的国家。欧洲船只至少从50年前起就试图撬开日本的国门。俄国舰船早在1792年就开始显现出对北方岛屿北海道的兴趣。已经在中国下了大注的英国于1818年向浦贺湾派出舰船，半真半假地要求与日本建立贸易关系，不过他们的示好被回绝了。1825年，幕府（bakufu）开始对外国舰船的出现感到十分担忧，因而发布命令，要求沿海领主在必要时武力驱逐接近的外国船只，1837年就有一艘美国商船受到炮击。实际上，在19世纪的前50年中，幕府确实以为这样就能拒西方世界于外。1844年，荷兰国王威廉三世派遣的特使尝试向幕府将军解释，自幕府17世纪驱逐欧洲人起，世界已经发生了变化——直到那时，幕府才真正开始重新思考它在世界上的位置。英国在1842年的鸦片战争中全面战胜了中国，这似乎很能说明问题。如果英国能如此有效地羞辱庞大的中国，像日本这样更小、更次要的国家又如何可能避免同样的命运？为免招惹西方列强的重大军事报复，幕府很快废除了攻击外国舰船的命令。正是在上述背景下，佩里初抵浦贺湾。

1854年2月，佩里率九艘船再抵日本，发现日本政府官员愿意签署《神奈川条约》（1854年3月31日缔结）。这一条约要求开放下田和箱馆[①]两座港口，并准许美国首次在日本本土设立领馆；后由汤森·哈里斯在1856年7月赴下田任领事。《神奈川条约》一开闸门，欧洲帝国主义列强很快便群起效尤：佩里前脚刚走，法国、英国、荷兰、俄国就紧跟着同日本签订了类似的新条约。

到了1858年，所谓不平等条约制度已牢牢站稳了脚跟，日本虽未遭受一枪一炮的攻击，处境却已同鸦片战争之后的中国相类似（但西方列强同意禁止对日鸦片贸易，这一点明显与中国的情况不同）。日本失去了对关税的控制权，为同西方之间的商贸活动打开了国门，甚至对西方列强允以治外法权这样的特权（这意味着外国国民身在日本的土地，却不受日本法律的管辖）。西方并未通过军事胜利来使这些条约合法化，把条约强加给日本是基于这样一种思维，即日本不是国际社会中的平等一员——不是一个现代的、工业化的宪政政体。我们将会看到，这种耻辱本身不仅有力地激发了19世纪后期日本强烈的民族主义意识，并且也是驱动革命的重要因素。为废除不平等条约，日本不惜一切代价。

必须指出，说条约带来的耻辱伤害了日本一贯保有或早先就有的民族自豪感，这是夸大其词。因为在19世纪中期之前，日本的领土比较松散、零碎、缺乏中心，靠忠诚、军事依存和宗教想象黏合在一起。事实上，在许多方面，在日本建立现代民族意识的进程中，不平等条约带来的耻辱是极其重要的。

在这些历史事件中，佩里舰队展现了现代工业的力量，其重

---

① 今北海道函馆市。

要性不应被低估。实际上，“黑船”的形象在日本很快成了一种标签，既象征西方势力的威胁，又等同于传统日本被现代性的文化和科技力量征服的征兆。一段关于佩里1854年再抵日本时的有趣轶闻体现了这一点。当时的记录描述称，日本官员组织了一场相扑比赛，供美国官员观赏，其目的大概在于用日本的力量和尚武精神震慑外国人。然而，据说美国代表们对相扑场面罕见地无动于衷，觉得表演很可笑。作为回馈，美国代表们组装了一段100米长的环形轨道，配上一个按四分之一大小缩微了的蒸汽火车头，赠给日本官员乘坐。这辆玩具火车所具有的威慑力远远超出相扑角力的原始力量，这便是工业科技惊人冲击力的证明。

佩里多半意识到了黑船和缩微火车头所能带来的影响。在着手完成他的任务之前，佩里阅读了他所搜集到的许多关于德川幕府治下日本的文献；有人认为，他甚至曾向著名的日本学家菲利普·弗朗茨·冯·西博尔德求教，后者在回到荷兰的莱顿之前，曾在出岛的荷兰人聚居地住了八年。然而当时的日本奉行神秘和孤立政策，因此相关信息匮乏。只有极少数西方人能获得有关日本的第一手资料，并且这些人（例如西博尔德本人）也仅能有限地接触到日本这片陌生土地的实际社会和政治环境。东方主义盛行，大多数关于日本的记录染有“神秘东方”的浪漫色彩。在19世纪早期，西方关于日本的记录将日本描绘成一个未曾沾染工业和现代性的封建王国。大多数记录还提到，与其他同样遭遇欧洲帝国主义者的亚非“蛮族”相较，日本实在讨人喜欢：显而易见，日本人有教养、爱干净、处处注意礼貌。汤森·哈里斯的描述就很有名，他将日本形容为简朴、诚实的黄金时代的化身。

佩里所获得的信息在许多方面有重大缺陷。有一个事实

图2 一幅木版画表现了1853年海军准将佩里的明轮汽船抵达浦贺湾的场景

是，尽管佩里知道日本当时是君主政体、由一位天皇（在那时的西方多被称为“Mikado”）进行统治，但他并不知道天皇的朝廷和将军的幕府之间的区别。事实上，1854年离开日本时，佩里认为他是与天皇的代理人签订了条约，但接待他的其实是幕府。这一区别十分重要，且在现代日本历史进程中留下深远影响。幕府这一机构是德川时期政治秩序的关键特征，它使德川政治不同于欧洲历史上那些典型的封建君主政体。即便到了1850年代后期，美国总领事汤森·哈里斯仍坚持把将军称作“日本天皇陛下”。

如果连日本元首的身份这样基本的问题都令佩里感到困惑，那他还在其他哪些事情上受到过蒙蔽？换言之，佩里在1850年代接触的日本，其真实样貌是什么样的？当时的日本是否真如佩里所想，仍处在“前现代”？

日本的统一与德川治下和平的缔造

经过公元1600年史诗般的关原之战，德川家康最终统一了日本；家康的孙子家光则作为将军自1623年至1651年统治日本——19世纪中期日本的绝大多数制度都是由德川政权的建立者在17世纪初创立的，该政权下的历史时期就以他们的姓氏命名。

在德川治下的和平得以实现之前，是一段漫长的内战时期，这一时期被称为战国时代（sengoku-jidai），其发端是应仁之乱（1467—1477），古都京都遭到洗劫，此后战国时代一直持续到日本被“统一日本的三人”——织田信长、丰臣秀吉及德川家康——平定、统一才告结束。德川家康后在17世纪早期于江户（现东京）建立他的统治中心。在日本这几个世纪几无停歇的战乱中，武士阶级及其大名领主崛起为支配力量，各家佛教寺院的僧兵骚动不安。

织田信长从他的故乡尾张（近今日名古屋）开始的残酷扩张拉开了血腥统一进程的序幕。历史学家常将信长描述为残暴自私之人；的确，信长暴力镇压邻接村落，破坏了无数佛教寺院，烧毁寺院古老的藏经所，屠杀僧侣和信众。

然而，将信长表述为彻头彻尾的野蛮暴君则是错误的。他建立了宽松政策，将对半自治地区的封建统治和半中央集权的、官僚主义的征税机制结合到了一起，为之后的两个半世纪定下了基调。此外，他还着手解除农民的武装，因而也就令武士阶级同日本其他阶级之间的社会与政治区分趋向制度化。正是在这一基础上，信长的继任者丰臣秀吉1588年在全国范围内推行武器收缴（“刀狩”）。至17世纪早期，武士阶级之外的任何人携带刀具都成了违法行为，佩戴两把刀则成为武士这一少数阶级的特权和独特标志。

自1192年源赖朝获授将军称号、建立镰仓幕府以来，“将军”这一称号依传统由天皇授予，信长拒绝接受将军的称号，可谓是空前之举。信长秉持这一姿态，希望表明他并不从属于京都的天皇（这就是说，他不是天皇的“征夷大将军”），而是直接与日本的土地（日语称tenka，字面意思即普天之下）相联系，无须接受皇室的裁度。换言之，信长要求日本承认他的统治权，这种统治权不仰赖相对无权的皇室施与的任何宗教的或神秘主义的认可，而是基于某种**现实政治**（这就是说，他在统治方面的**权力**本身即已足够令其统治**合法化**）。然而很快，这一激进的做法被信长的后继者们否决：1603年，德川家康接受了天皇授予的将军称号，以稳定并合法化其新政权。德川治下的和平归根结底还是依赖天皇的许可。

信长的继任者丰臣秀吉独立奋斗而成众人领袖，他大约从1557年起就是信长的家臣。家世并不显赫的秀吉依靠他的战略才智迅速蹿升，通过建立细致的结盟体系，切实巩固了信长的成果。至1590年代，秀吉已是覆盖日本全土的大名联盟无可争辩的主人，围绕忠诚、感恩、义务和恐惧的盟誓将每个大名束缚在秀吉之下。他与一批可信赖的副手一起管理领土，副手们密切注视着铺展的联盟和众多宣誓过的军阀。然而，这一前所未有的联盟架构尽管得以成形，却有自掘坟墓的危险，因为它至少是部分地以战争中的赏罚分配为前提。秀吉担忧突然到来的全面和平会产生威胁、导致忠诚体系崩溃：如果不存在可分配给追随者的战利品，那么秀吉合法性的根基何在？与信长不同，为了支撑其合法性，秀吉积极索求天皇授予的将军称号。然而，秀吉提出的要求遭到了断然拒绝。作为最后的尝试，秀吉请求被废黜的足利义昭[①]（即使在被信长放逐后，义昭仍然保留着将军这一虚衔）将自己收为养子，以继承将军称号。义昭也拒绝了。最终，秀吉接受了关白（成年天皇的顾问）这一原本由藤原氏独占的称号。

日本的军事领导人与皇室之间存在**权力**对抗**权威**的关系，且已持续多个世纪。我们可以看到，秀吉也卷入了这种复杂微妙的政治关系。事实上，在德川治下的和平时期，这一政治安排的种种问题始终潜藏水下、隐而不彰，至19世纪海军准将佩里叩关，这些问题才在随叩关发生的一些事件中冲出水面。之后我们将会看到，在某些方面，这一动态关系始终存续，直至20世纪上半叶的太平洋战争。在当代日本，战后宪法在法律上明示了天皇的角色和地位，但天皇（如今是地球上仅存的皇帝[②]）这一体制在政府（如今对握有主权的人民而不是天皇负责）合法性方面仍被赋予巨大威望和象征性权威。

秀吉渴求象征性的合法性与稳定性，但显然未能得到；在此情形下，他于1592年和1597年发动侵略朝鲜的战争，企图借此驱动“日本”的集体力量。必须指出，这种侵略并非法国大革命之后见于欧洲的那种现代民族战争，而是由企图从冒险中获取利益的武士集团主导的征伐：其间并不存在日本国民军队，在“刀狩”中，人口中的绝大多数已被系统地解除了武装。秀吉意识到，一些大名和大名之下的武士将他们的忠诚建立在战利品的分配上。然而，侵略带来了灾难性的结果，不仅未能支撑秀吉

① 室町幕府的末代将军，1568—1588年领将军职。

② 日本天皇在英语中作“Emperor of Japan”，著者在言及时均略作“emperor”（皇帝），皇帝的地位/权力高于“king”（国王，王），在英语中与“empire”（帝国）、“imperial”（帝国的）联系在一起。

的地位，战争的失败还耗空了秀吉家族的金库，并销蚀了秀吉常胜将军的名号，为德川家康最终崛起创造了机会。尽管如此，秀吉未能得逞的侵略还是预示了新兴国家将国内的不满情绪导向海外征服的趋势。就日本而言，这种扩张主义的首选目标总会是朝鲜，19世纪与20世纪之交时也是如此。16世纪中期，耶稣会传教士开始在九州传教，秀吉对待传教士的方式也体现了他对外国事物的忧虑。信长也许是因为反对佛教寺院势力、否定天皇的宗教地位，故而比较接纳基督徒；秀吉则认为这些欧洲人的出现令人生疑且带着威胁，尤其在西班牙征菲律宾为殖民地后。1597年，秀吉将他的怒气转向耶稣会，迫害了众多传教士和改宗的日本人，至1598年，又将基督徒驱逐出日本。秀吉的这一步下启1635年著名的锁国令，锁国一直持续至佩里叩关前。锁国令禁止天主教存在，认为天主教是危险的、具有颠覆性的意识形态，并禁止所有日本国民离开日本或与荷兰人（也仅限在长崎的出岛这块狭小的贸易窗口）之外的任何欧洲强国接触。法令同时限制了与日本近邻的接触，至少在原则上（即便不是在事实上）限制经琉球王国（今冲绳）列岛与中国进行的贸易以及在狭小的对马岛领域与朝鲜进行的贸易。说锁国使德川时期的日本完全同外部世界隔离开来有些言过其实，但恰恰在欧洲萌发启蒙运动、推动现代科学和哲学的发展之时，这项政策导致日本对当时欧洲状况的了解极为有限。

1598年秀吉死后，他的副手们无力维持政权稳定，因为统一了日本的复杂联盟体系乃是系于秀吉一身。结果就导致了围绕继承权的斗争。最终是德川家康脱颖而出，经过1600年史诗般的关原之战，家康拥有了自己的军事力量和盟友，可与挑战他的联合军（仍然忠于丰臣政权）相抗。在家康取得胜利之后，不出三年，天皇就授予他将军称号，家康接受了。从1603年至1868年，天皇仍被隔绝在京都的宫殿之中，京都仍是名义上的都城，而德川幕府则在江户这一权力中心统治着和平的日本。将军一职一旦获得天皇的承认，就成为世袭的称号，这也就是用德川家族的姓氏命名那个时代的原因（有时也用当时的政府所在地江户来命名）。在1853年和1854年，正是德川幕府即江户政府遇上了佩里。

德川治下和平的轮廓与现代性的起源

家康和他的孙子家光在很大程度上决定了德川政权的社会与政治轮廓。战争状态破坏日本长达几个世纪，为了终结战事，家康和家光试图使针对日本长久政治问题的解决方案成为制度，而当时的政治问题主要是人际性、层级性的，牵涉到天皇和将军的关系、将军和大名的关系、大名和隶属于大名的武士之间的关系、武士和其他人群的关系，因而也就是日本的国民与将军的关系。

德川创建的制度化解决方案常被归结为幕藩体制（bakuhan taisei），这一体制表面上是一个封建的政治结构，在一个单一的体制中将幕府（帐幕/军人政权）与藩（大名统治的领地）联系起来。然而，对于这一体制是否确属封建，目前仍存争议。论争中的一个关键问题与现代时期有关联，关乎天皇和将军的动态关系：封建体制在其顶端容纳两种不同的制度权威——帝国权威和将军权力，这不同寻常。这样的张力是日本历史中不稳定性的典型来源。

家康以十分务实的方式解除了张力：他并不是只承认皇室的任命是幕府合法性的前提（这意味着他的将军职位处于相对

下位)，而是同时非常明确地表示皇室的存在完全依赖于幕府。这一依赖关系越过了第一批将军原本的授权范围(即作为天皇的剑来保护领土)。在早期现代世界，皇室面临贫困和崩溃的风险——为保自身的存续，皇室实际上仰赖德川提供的经济支持。

家康不可能让皇室消失，相反他让皇室为他所用。通过向皇室提供资金(并且让皇室留在京都，远离他的江户新政府)，家康成功地提升了皇室的庄严与地位，但也进一步强调了皇室主要是象征的性质、进一步令皇室远离实际权力。同时，他可以利用天皇对幕府的依赖来支撑幕府的合法性。为回报幕府提供的经济支持，皇室事实上移交了其最后的残余权威，甚至包括在领土范围内授予皇家荣誉的权力。在许多方面，德川政权将皇室转化成了一种现代的君主立宪政体(尽管日本直至1868年才有了宪法，并且1868年宪法授予天皇的权力远远多过德川政权下天皇所享的权力)。

事实上，家康对这一具有惊人的现代特征的结构并不满意，他采取措施，赋予将军一职以独立于皇室的(甚至是同皇室竞争的)、自有的宗教及精神合法性。他在江户附近设立新的宗教场所(例如他自己的神社，位于日光[①])，这些场所逐渐成为全国性崇祀场地，地位同包括伊势大神宫在内的传统皇室神社相当。实际上，宫中人士也须对这些德川神社致敬，并无任何特权。正如之前的信长，家康希望他的幕府不必受皇室的裁度，直接与天下相联系。德川政权不仅令天皇处于从属地位、成为政体的工具，同时又着手建立根本无须天皇的国家意识。上述两个进程在某种程度上相互冲突，德川政权于是未能成功地发展出非帝

① 即日光东照宫。位于日本栃木县日光市，是家康最终的落葬地，祭祀将德川家康神格化后的神明“东照大权现”。

国的国家意识，这一失败反而成为19世纪革命性的动乱得以产生的重要条件。

天皇和将军的关系问题得到了稳定的解决后，下一个问题关乎将军和大名领主的关系。实际上，这可能是关原之战后最重要、最紧迫的问题，因为如果不能扎实地整合（并且圆满地安抚）军阀，任何政府体制都会遭遇毁灭。为此，家康采用了奖惩并用的方法，对于那些在关原之战中向他显示忠诚的大名（所谓的谱代大名），他拉拢并授予他们权力；而对曾经反对他的大名（所谓的外样大名），他则排挤并剥夺他们的权力。在事实上，这意味着让大名离开他们的传统领地（由此使大名与他们的基层权力根基分离开来），没收许多领主的土地，将广阔的土地再分配给德川家族本身，然后将剩下的土地分配给人数已大幅减少的大名群体。结果产生了大约180个大名，呈现新的分布状态，每个人都发誓效忠德川家族。这些大名被禁止在领地上建造多于一座的城池，也被禁止相互结盟；在形式上（即便不是在事实上），将军政治这一国家制度是大名相互联系的唯一纽带。谱代大名领有离江户和德川领地最近的土地，而外样大名则势必集中在外围，领萨摩和长州等偏远之地。

家康以这种方式保护了自己，但代价是无法严密监视最有可能憎恨他的权力的那些大名。不幸的是，由于种种因素，那些大名的领地也最有可能遭遇外国列强（并同外国开展贸易）。秀吉试图但未能将九州的基督徒斩草除根；家康的锁国令也并未切断日本同外部世界的所有联系。由于萨摩藩和长州藩师法外国、相对开放，至19世纪，两藩在日本国内的势力得到了尤为显著的增强。

实际上，上述中央集权化进程绵软无力，这部分是出于蓄意的手段，目的是缓和对中央集权化进程的抵触；同时也是因为现代民族国家典型的中央集权化程度在当时的日本尚属不可想象。各领地保持高度的财政自治——尽管大名有义务助力公共建设及其他支出，但当时并不存在一贯的、集中的税制——这一点很重要。全国范围内的财富差异因此十分显著。不过，德川政权向所有大名施加了一项极其重要的财政（战略）负担。1630年代后期，德川家光实行了参勤交代（sankin kôtai）制度，令日本的每个大名都有义务同时在江户和他们的自有领地保有居所。并且，大名事实上还被要求每隔一年就亲赴江户居住，而大名的直系亲属则必须永久居住在江户。大名的亲属实际上就是留在江户的人质，尽管他们获得厚待。

参勤交代制度在许多方面都对现代日本的发展有重要影响。首先，保留两处通常相距遥远的常居之所，再加上每隔一年就得带着全部随从从一处"迁行至"另一处，这就形成对大名资产的严重消耗，从而能有效地抑制大名自治权力的增长。此外，即使存有异心的大名在财政上能够承受战事，人质体制也使他们不能起而反对德川统治。不能低估这些因素在稳定德川统治方面所起的作用，尤其是在德川政权的初期，一些领主对过去几个世纪的战争带来的后果记忆犹新。然而，从长期来看，参勤交代制度对财政的冲击导致巨大的社会和政治张力，在佩里叩关之前，这样的张力就已促使德川政权走向衰亡。

参勤交代制度还导致了另一重要结果——催生了"国家"意识，而这在日本历史上可能属于前所未有。所有大名，无论来自何处、无论信仰为何，都必须有一半时间常住江户，这就巩固了江户作为日本实际首都的地位（即便京都仍在名义上保留首都之称）。并且，大名的这项义务是由**国家法律**规定的。这样，参勤交代制度不仅促使大名及其随员认同一个以国家为单位的组织形式，而且还强化了一个事实，即国家范围内的中央权威乃是幕府这一世俗机构，而非皇室这一传统而神圣的权威。此外，由于有一半时间远离故土领地，大名与其传统地方支持网络的关系大为削弱。原是**地方性**领主的大名，逐渐变成了**全国性**人物。

参勤交代制度一个重要的副作用是，它使碎片化的国家布满交通路线和贸易机会。大名及其随员的隔年迁行串起了沿途各地的经济，市镇和贸易站因此迅速增多，由此发展起来的道路网络在世界范围内也堪称惊人。这些成就中最大的奇迹包括大坂[①]（位于连接京都与江户的东海道干线道路沿线）的飞速发展，还包括中山道干线道路（跨越日本阿尔卑斯山脉）的建设。参勤交代制度着实开启了全国性市场经济（在17世纪时急剧增长）的发展，并为19世纪时经济的快速现代化打下了基础。

参勤交代制度促成的地区流动还启动了城市化进程。至17世纪末，江户已是地球上最大的城市，拥有超过100万人口。今日东京仍然是世界上规模最大的城市之一，属于这个大都市的人口超过3500万。[②]京都和大坂这样的地方首府城市在当时约与伦敦或巴黎规模相当，拥有约35万人口。大阪如今仍是日本第二大城市。总体而言，在17世纪末，日本大约有10%的人口在较大规模的城市居住，是世界上城市化程度最高的国家之一。不仅如此，由于新的社会稳定（及连绵战事的终结）、国内贸易的增长、教育水平的提升和农耕技术的发展，日本的人口实际上在17

① “大坂”在字面上改称“大阪”是在明治维新以后，此处采用当时的名称。

② 指东京都市圈的人口，定义方式很多，一种说法是包括东京都、神奈川县、埼玉县、千叶县及茨城县南部。

世纪翻了一番，至17与18世纪之交，日本人口约达3300万。比较而言，当时英国的人口约为500万，并且要到19世纪下半叶始达3000万。

但日本无法保持这种高增长，至少部分是因为列岛贫瘠的自然资源严重阻碍了国内市场的发展，尤其是幕府还奉行自我孤立、禁绝同亚洲大陆的贸易，同欧洲就更不必提了。结果呈现为经济及人口统计数字的停滞，德川政权治下的最后一个百年，两项数据都是零增长。因此，伴随着所谓的全球化的第二阶段，当西方再次撬开日本国门时，日本除了扎下资本主义之根外几无发展，并且19世纪的日本尽管在文化和艺术方面取得了巨大的成就，在经济方面却基本上仍是一潭死水。事实上，日本在18世纪及19世纪早期经历了大规模饥馑、攀升的杀婴率和加剧的社会动荡——佩里叩关之前，日本就已飘摇在危机和革命的边缘。相反，在同一时期，英国的人口猛增至与日本相当，工业化的、帝国主义的英国经济在全球狼吞虎咽地疾驰。

在德川治下的日本，空间归于国家的意识逐步形成，地区流动因此达到了新的水平，阶级之间的社会流动却未能相应实现。实际上，德川社会最强有力的特点之一，就是建立了被称为士农工商（shi-nô-kô-shô）的社会分层体系，这一体系决定了人口中绝大多数的地位与功能，同时也决定了人们与大名的关系。在四层结构中，武士（士）被奉为神圣、处于等级制度的顶端，农民（农）在地位上次之，其后是工匠（工），最末是商人（商）。出身决定了人在这一等级制体系中的位置，后天的流动极端困难、几近不可能。为德川政权奠基的思想家——例如新儒林罗山——用儒家术语论证了上述体系的合理性。

儒家理念强调孝与忠的重要性，尤其强调各种角色在社会中的本分。统治者与被统治者之间存在理性的、合乎自然的关系，正如天垂于地，又如父为子纲、子应尽孝。这些关系被认作自然秩序中不可分割的固有部分，因此人的意志不能向其挑战。在德川政权方具雏形的背景下，这种对稳定的诉求十分有效，并且赋予士农工商体系中存在的僵化及社会流动的不足以合理性。尤其是，林罗山认为人民应效忠将军（而不是效忠天皇，林罗山将天皇非政治化），实际上是把将军描绘成国家之父。换言之，德川政权运用了一个民族化的、理性的政治义务模型——德川治下的日本是当时世界范围内最为“现代”的社会之一。

所谓的“德川意识形态”也从佛教中提取元素。事实上，16世纪末秀吉完成了艰巨的任务——解除许多佛教寺庙的武装力量后，德川家康和后来的家光通过责令领土上的所有平民都到佛教寺庙登记而重新接纳了佛教。德川对佛教的支持也许在无意间成了一种手段，冲击了天皇在神道教中的神圣地位。神道教是日本的本土宗教，在《古事记》（约公元712年）中可以找到文字来源，按其中的说法，天皇是“天照大御神”[①]这位太阳女神的直系后裔，因此应被当作在世的神来崇奉。然而，从社会秩序的视点来看，佛教（尤其是禅宗）还扮演了另一个角色：由于铃木正三等思想家的影响，坚忍克己的禁欲主义原则和非歧视原则促进了稳定，消解了士农工商体系内部的异议和反抗。禅在武士当中尤其受到欢迎，数个世纪以来，武士在日本社会中第一次发现自己失去了军事作用。武士与禅的密切关系在今日的小说与电影中极为常见，事实上，这种关系是以和平到来、武士转而热衷于禅为基础的；在早先的战国时代，武士战事缠身，武士禅宗

① 日本神话中的女神、太阳神，有多种日文汉字表记。前文提及的伊势大神宫所供奉的即是此神，日本皇室奉之为祖神。

根本不是那一时期的特点。

然而到了18世纪，德川社会体制开始成为自身成功的牺牲品。稳定的状况逐渐显得了无生气，如何适应乃至鼓励社会**变革**变得十分重要。尤其是，随着经济步履蹒跚，社会评论人士开始注意到城乡同时出现的贫困与苦难程度的加深。新兴城市卫生状况不良，乡村各处则频现饥荒，农民（占人口的80%）的劳苦只增不减。与此同时，新兴的商人阶级逐渐变得更为富裕，尽管他们表面上仍处在社会等级体系的底层。同一时期，武士在德川体制中基本是只消耗不产出，逐步丧失传统的财政途径；尽管武士处在地位体系的顶层，但很快便没有了显示地位所需的经济实力。此外，由于没有战事，武士的价值（以及他们所宣称的坚忍克己的价值观）便无法体现，人口中的其他阶级渐渐便不再尊重武士。武士约占人口的6%，地位基于世袭而非功绩，因而武士的无能逐渐招来了普遍的愤恨，最终导致"武士的能力"实际上成了一个侮辱性的短语。武士对新兴城市阶级的商业价值感到不以为然，但武士自身就是所谓的浮世（ukiyo）——迅速膨胀的城市欢场——最铺张招摇的老主顾，这种明显的虚伪性加速了武士的衰落。颇具讽刺意味的是，武士的光顾助推了艺术领域的井喷式发展。这一时期，一些早期现代日本最著名的艺术形式已经生根发芽，尤其是浮世绘（ukiyoe）和歌舞伎（kabuki）剧场，而后者还兼容纳那些身为高级妓女的女演员。浮世中人严格来说并不属于士农工商体系，因为他们代表新的商业和艺术职业，这些职业并不能被简单地归入哪一个传统类别。直至今日，欢场仍然是日本一些主要城市多彩的组成部分，当代日本的名人崇拜较以往任何一个时期更甚。

一些当代评论家——例如著名政治理论家丸山真男——认

为，18世纪艰难的状况实际上为日本现代性的种子提供了播种的土壤。丸山真男及其他评论家特指荻生徂徕的作品，徂徕是所谓的古学（kogaku）的先驱。徂徕尽管也处在儒家框架之内，但他代表着对儒家理学正统的极大挑战。他承认在中国古代经典中能够找到正确的思与行的基础，但他认为，以静态的、保守的方式死搬文本的字面，这是错误的。他论述说，基于对原始文本的坚实治学，同时基于当下特定的环境，去解释、调整以文本为基础的实践，乃是伟大领导者的历史使命。换言之，徂徕认为，即使是儒家的政治体制也应该动态地适应社会需求的变化，并且，只为保存先前稳定的状态就固守过去的做法，这在道义上是错误的。不能就此说徂徕是在呼吁幕府成为一个负责任的、积极响应的、尊重日本人民社会与政治权利的现代政府，但一些历史学家仍认为，徂徕的见解为现代的上述种种发展打下了基础。

徂徕的批评尤其指向他眼中的那些过时但仍持续存在的社会事实，例如武士对新兴商人阶级的傲慢态度。事实上，武士在德川治下社会中的角色是一个核心问题，因为武士阶级的存续越来越难以维持其合理性。1702年之后，所谓的元禄赤穗事件就是一个苗头，这一事件也被称为“四十七浪士（无主武士）的复仇”。这一著名的故事如今已是日本国史上的传奇，说的是47名武士的大名领主（赤穗藩主）被迫切腹（seppuku）自杀，武士们遂为主复仇。尽管德川政权实际上已严令禁止仇杀，忠诚的武士仍用了22个月来密谋复仇，并且他们知道，无论复仇是否成功，他们都将去死。最终，浪士们实施了他们的计划，刺杀了造成他们的领主死亡的大名。而后他们向政府自首，并自愿以切腹来赎罪。

这一事件在当时引起了极大争议，直至现代，它仍是日本国家认同的一个重要组成部分。在徂徕看来，无论47浪士拥有何种侠义价值，他们的行为都是显露了一种过时的、对于某个大名的忠诚，而不是对于日本这片土地上的法令。47浪士是前国家时代的偶像，他们体现了武士阶级的传统价值如何可能成为日本现代化的障碍。然而，在日本人中的其他部分（包括其他武士）看来，这些浪士的行为代表了武士道（bushidô）的理想，并且体现了未被德川治下的和平根除的那些传统价值——忠诚、牺牲、隐忍和荣誉。元禄赤穗事件实际上很快便成了日本文化中最受欢迎的主题之一，启发了歌舞伎和文乐（bunraku）①的剧作家，直至今日仍给艺术家们带来灵感。近松门左卫门大概是日本最伟大的剧作家，他曾写过元禄赤穗事件最著名的剧作版本——《忠臣藏》；②日本最伟大的浮世绘艺术家——广重、北斋、国贞，当然还有国芳③——都曾依据赤穗事件创作过系列作品。在当代艺术中，电影、小说、漫画、动画乃至电子游戏都曾取材于赤穗事件，浪士们的墓也成了旅游名胜。

换言之，传统价值和新的社会价值之间的张力与现代化进程相伴，在18世纪初就已是德川社会的重要特征。武士作为坚忍克己的可敬家臣，愿意为他们的领主牺牲生命——这种浪漫的形象成了流行文化的素材，既是为大众的消费，也是为了武士自身。但这些理想形象同德川治下日本的实际生活经验形成了

---

① 配以弦乐和说唱的木偶剧。

② 此处作者可能有一些误解。近松门左卫门所作的以元禄赤穗事件为主题的剧作，应是《棋盘太平记》，《忠臣藏》由二代竹田出云、三好松洛、并木千柳合写。

③ 分别指歌川广重、葛饰北斋、歌川国贞、歌川国芳。

图3 《忠臣藏》一剧中的场景，浪士身着警察的服装。木版画，约1804至1812年

鲜明的对比：大多数武士从不曾在战斗中拔刀；仇杀已被禁止；武士们被要求向将军和天下——而不是向地方领主——效忠；城市中的武士逐渐成为堕落的消费者，乡间的武士则很快便失去了他们的地位。在很多人看来，武士是社会的负担，而非偶像。

这样一来，具有讽刺意味的是，尽管元禄赤穗事件在短期内有冲击社会秩序之虞，但实际上，这一事件很快便成为建构现代国家意识的重要元素。

幕末与明治维新

因此，在佩里叩关时，日本是一个复杂且充满矛盾的社会。它具有现代国家的许多特征，覆盖全土的国家机器处在江户幕府世俗权力的控制之下，但幕府又依靠京都皇室的宗教权威来为其提供一部分合法性。历经数个世纪的和平与相对的稳定，日本拥有成熟的国内市场经济，尽管它仍同区域内的亚洲体系保持着一定的距离。日本的民族文化欣欣向荣，尤见于江户、大坂这些运行良好的大型城市。然而，政权的意识形态及经济根基却支离破碎，在过时的、刻板的等级体系中，社会张力在阶级之间发酵。幕府缺乏集中或连贯的税制，未建立军事力量的全国动员体制，对于半自治的领地同外部世界的关系，幕府仅具备有限的控制力。换言之，佩里接触到的是一个正处在现代化进程拐点的国家，由于政体刻意维持静止和稳定，这一进程从一开始就遭遇了挫败，但这也意味着政体即将迎来变革。历史学家将1853年至1868年间的时期称为幕末（Bakumatsu）——将军政治在此终结。

佩里叩关刺激了不稳定的混成局面，触发并促成了一系列事件，这些事件最终推翻了幕府，并将天皇置为一个现代宪政国家的元首。在两个多世纪中，幕府小心翼翼地培育它在日本的至高政治地位，并且孤立皇室、使其仅具象征性的机能。或许幕末一系列事件中最令人费解的举动，正是由幕府自导自演。首先，在佩里1853年首次踏上日本土地之后，幕府主要的主政人阿部正弘就如何应对佩里的最后通牒征求了大名的意见，这一步属于前所未有。阿部的出发点可能是要建立一种国家共识，这在面临威胁之时固然很重要，但就结果而言，却更像是意味着幕府在紧要关头缺乏统领所需的权限。事实上，这最终导致阿部被迫辞职。共识无法达成，有实力的攘夷派大名集团登上了国家政治的舞台，他们已在谈论，认为天皇可以在这一前所未有的危机时刻化身为更强大的国家领袖。

下一个事件更为惊人。佩里再次来到日本，汤森·哈里斯赴下田任美国领事，此后，议题就转向了贸易条约。当时，将军德川家定病弱濒死，而他的继承人问题还悬而未决。阿部的继任者堀田正睦面临艰巨任务，需要为上述两个问题寻求解决。堀田与谱代大名想要接受哈里斯的贸易条约，并拥立较易控制的德川家茂，家茂时年12岁，是纪州藩主的继承人，属于德川家族的支系。不幸的是，由于幕府在此艰难时刻明显虚弱无力，外样大名（尤其是萨摩藩）及其他攘夷诸藩（例如水户藩，该藩实际上是德川家族的支系）对于上述两项主张都持反对意见，他们希望拒绝签订条约，并要拥德川庆喜为将军（庆喜是有实力的水户藩大名德川齐昭之子）。

面对这种分歧，堀田采取了惊人的办法，他去了京都，要求孝明天皇批准哈里斯的条约，并认可幕府选择的将军继承人。数个世纪以来，这是天皇第一次被拖进政治决策的核心。但堀田失策了，结果是天皇直陈攘夷见解并表示支持德川庆喜；对于越来越倾向帝国主义的萨摩藩和水户藩，孝明已有所耳闻。带着羞辱，堀田回到江户，德川幕府的合法性在根本上已遭到破坏，带回来的天皇指令又同幕府对将军一职的意见相悖。堀田于是辞任了。

堀田的继任者是井伊直弼，尽管井伊施行镇压①，但幕府的合法性已经受损，覆水难收。井伊针对激进大名的强硬作风加剧了攘夷集团同幕府的疏离，愈发将他们推向倒幕尊王的立场。不出两年，一群水户藩武士在江户的核心地带暗杀了井伊②，此后幕府迫于威胁表现得尽可能配合。例如，1862年，将军最终废除了参勤交代制度，并要求大名动用他们储有的资金来建设自己的地方军事力量，以助力国防。这一步本意或许是示好，但从结果来看，却是在政治上剥夺了江户的中心地位，还为难驾驭的大名解除了一项最重的财政负担，同时在事实上鼓励这些大名建立有力的私人军队。德川虚张的国家统一日渐解体。

而后，至1860年代，幕府同时受到三种不同的威胁。首先，越来越感到不满、越来越不受拘束的外样大名挑战着幕府的统治。第二，出现了青年武士即志士（shishi）主导的社会起义的真实危险。志士自称“勤皇家”，认为幕府非法篡夺了天皇的位置，故而以在日本恢复天皇的直接统治为目标。这些志士实际多见于外样诸藩，尤其是萨摩藩和长州藩，但也有的来自更靠近中心的地区，如水户藩。他们原本聚在“尊王攘夷”的口号之下，但在吉田松阴（长州藩出身）、坂本龙马（土佐藩出身）等武士知识分子的领导下，志士对于西方的认识逐渐趋于务实，视西方科技为推翻幕府及抵御西方所需力量的保障。幕府的第三个威胁来自日本之外，也就是西方列强施加的压力。然而，在许多方面，这一外部压力实际上属于前两个威胁的背景，并非自成挑战。

① 指1858年的安政大狱，是井伊对尊王攘夷运动的镇压。株连德川齐昭、庆喜等一百多人，处死吉田松阴等八人。此前井伊决定由家茂继嗣，并且不待天皇同意就签订了条约，招致尊王攘夷运动。

② 即1860年的樱田门外之变。

在京都过激氛围的影响下，孝明天皇本人也开始重申皇室的权威。1862年，他向将军发出了一份官方要求，要他的“征夷大将军”在1863年6月25日之前将西方蛮夷逐出日本。期限到了，幕府并未着手驱逐。然而，在日本的其他地方，倒幕的“勤皇家”却躁动不安。长州藩的武士努力用西方的火器武装自己，他们实际上在沿海一带向美国船只开了火。报复来得既快且猛。结果之一便是长州藩成了激进派和勤皇家的聚集地；第二年他们组成了军队开赴京都，意欲“解放”天皇、令天皇摆脱幕府的控制。

在土佐藩士坂本龙马的斡旋下，长州和萨摩这两个外样藩开始认识到他们之间有许多共识。两藩都对德川政权长期不满，并且藩内武士比例极高（达到25%），这些武士还都倾向于“勤皇家”理念。此外，在佩里叩关之后，这些偏远的藩都利用了远离江户的条件，小心但热心地学习着西方知识和现代科技。至1860年代中期，他们迅速发展起了现代的军事力量，其规模少说也同幕府的军队相当。长州藩士如高杉晋作甚至更进一步，创立了接收非武士出身者的军队，事实上终结了250年来“非武士出身者不得进行武装”的禁令。实际上，高杉的民兵组织或许是日本第一支现代的“人民”军队。

1866年，长州与萨摩结成了生死攸关的秘密（非法）同盟。同一年，德川家茂死于心脏病，水户藩的德川庆喜新任将军，决心发动一场征伐长州的战役，以惩长州之祸，欲杀鸡儆猴。庆喜本人也推行现代化，彼时幕府在建设现代军队方面得到美国和法国的可观援助。然而，当幕府军队迫近位于西南边陲的长州时，萨摩藩却出人意料地拒绝了幕府的援战要求。结果，幕府军队为长州所败，不得不忍辱后撤，穿越整个日本回到江户。数个世纪以来，幕府第一次被证明在军事上无力控制领土；它宣称的最后也是最基本的合法性遭到了摧毁。在其后的几个月中，全国各地爆发社会动荡，农民纷纷起义；这反映了合法性危机，战败的幕府军队回归故里的景象、1867年孝明天皇之死所代表的变革征兆都加深了这一危机。孝明之子在1867年2月即位，他就是明治天皇。

在幕府战败的余波中，土佐藩再次试图斡旋，欲让将军庆喜承认大规模政治改革的必要性、接受普鲁士式的议会、同意将主权返还给天皇。庆喜实际上似乎认可了这些改革。然而，这对幕府而言已经太晚——萨摩与长州的大名决定抓住机会，将局势控制在自己手中。1867年12月，上述两藩的联合军采取大胆行动，开进京都，占领了城市，并控制了皇居。不出一个月，联合军便说服刚即位的天皇明治宣告王政复古，于1868年1月通过敕命事实上废除了幕府。

将军庆喜抵抗敕命，由此爆发的血腥冲突后被称为“戊辰战争”。事实上这场战争在几个月内便结束了，因为庆喜对京都的进攻被轻易抵挡，他不得不撤回江户。江户本身也于1868年4月陷落，庆喜旗下那位富有传奇色彩的指挥官胜海舟，拱手将江户送给了天皇的军队，显然是因为他认为统一与和平较保存幕府来得重要。明治维新便在这样的条件下开始，它是一场现代革命，拥有使用西方火器并以西方式战略思维为指引的现代化兵役军队。

第二章
天皇制下的革命：接纳现代性

1868年，明治天皇以胜利的姿态从古都京都迁至江户，不出一年，他就将东边的临时行宫定为新皇居。此时，江户正式成为日本的新首都，并被更名为东京——意为东方之都。无论是对于起义者还是佐幕派，这一场王政复古都血腥且富有戏剧性，首都之内对变革有很高的期冀。然而，对于日本人口中的绝大多数而言，明治维新（人们是否实际注意到它的发生还是一个问题）和一场武士叛乱或政变没有差别。事实上，日本人民缺少乐观的理由——很难认为他们的生活状况会有显著的改善，他们却完全有权怀疑过去几十年间的戏剧性事件只会带来另一场权力的重组和武士阶级的特权。

不过，在17世纪和19世纪的政治革命之间，存在许多极为重要的区别，明治维新开始后的十年，日本确实发生了变化。即便1868年的一系列血腥事件应当被看作一场精英运动，但在1868年至1880年代早期，明治维新成了一场实实在在的革命，日本社会及生活状况在各个层面都发生了深刻的变化。

明治天皇在江户即位后不久，就为这些变化定下了基调，颁布了所谓的《五条誓文》，新政府（以天皇的名义）在誓文中作了五项基本承诺[1]：

一、广兴会议，万机决于公论；

二、上下一心，大展经纶；

三、公卿与武家同心，以至于庶民，须使各遂其志，人心不倦；

四、破历来之陋习，立基于天地之公道；

五、求知识于世界，大振皇基。

这些承诺代表着幕藩体制的彻底解体，并且明显接纳了许多现代的政治原则。除了日本国内的帝国主义倾向和建设强大国家的动力，接纳现代政治体制本身也是改革的明确目标之一。革命的政府抱有一项重大的认识，即认为只有通过建立能与西方列强平起平坐的政治体制，日本才能摆脱不平等条约之耻。

新政府一次又一次地谋求解除条约，但外国列强一次又一次地使之无果而终，列强坚称，除非日本的法制和政治体制能够为他们的权利提供充分“现代的”保护，否则他们不会放弃已有的特权。在此，“现代的”与“文明的”被当作同一个词来使用。最终，历经暴动、示威和日本的大规模改革，条约至1890年代始获重新谈判。那时日本有了本国通货、国家税制、两院制立法机关，以及一部成文宪法。尽管程度有限，但宪法保护着日本人的权利和义务，并开启了法治。此外，在“帝国的年代”，日本作为初生的帝国主义国家，其心已是昭然：新政权1869年殖民同化北方岛屿北海道，1879年殖民同化南方王国冲绳；早在1873年，日本就计划侵略朝鲜；至1895年，日本已经在其第一场重要的

① 《五条誓文》译文据《明治维新的再探讨》第68页，世界历史编辑部编，中国社会科学出版社，1981年版。

现代战争中凭借新式现代化军事力量击败了庞大的邻国——中国，侵占了台湾。换言之，至1890年代，在“富国强兵”的口号下，日本开始表现为第一个现代化的亚洲国家。

总而言之，紧随维新而来的改革受到日本国内和国际两方面的推动。加于新政权的强大外部压力是一个决定性的因素，令明治时期的国家形成规划有别于早先德川时期的民族形成规划；西方全球化的所谓“第二阶段”携带着资本主义扩张的全部力量，势力与威胁不可阻挡。一方面是现代日本同自身历史和传统的不稳定关系，另一方面是它同现代性和西方的不稳定关系，这两方面是这段时期的关键特征。在许多方面，日本在这一时期企图完成不可能的任务，想要在面临西方工业扩张的条件下建立自己的现代性。

明治国家的象征符号改革

在明治时期的大部分时候，尤其是在1889年颁布《大日本帝国宪法》之前，一批政界元老指导着政治事务，他们来自萨摩、长州、土佐、肥前这四个有实力的藩。这一批人在维新中坚定地支持皇室，因而享有接触皇室的特权，后被称为萨长集团，有时也被称为元老（genrò）。权力有效地集中在相对较小的外样大名集团手中，这显示了日本国内势力均衡的根本变化，并在一些地方遭到了严重抵触。其中之一是会津藩，在维新已获正式宣告后的几个月内，德川幕府的效忠者仍然在会津同新的帝国军队作战。

会津事件早早显示，尽管维新具有帝国主义本质，明治政权仍会面临一些合法性的残余问题。因此，明治天皇在东京设立了一座新的、国家性的神社，也就是东京招魂社（Tokyo shôkonsha)，这座神社将为所有在日本帝国的名下战死的士兵提供官方纳神（kami）所。日光的神社由德川建立，旨在解除伊势的皇室神宫具有的特权，并为全国性崇祀提供新的中心，是为国家建设的象征符号化——东京招魂社的设立也如出一辙。通过建立一个全国性的宗教符号来令新政权合法化，这是日本历史的一个特征。

1879年，明治的新神社被更名为靖国神社（Yasukuni jinja，这一名称被沿用至今），它将成为新兴的国家神道教的中心建筑；新政权鼓励国家神道教，将其作为令天皇制下的维新合法化的手段。会津及其他支持德川的军队在靖国神社内未获神龛，意味着他们是天皇和国家的敌人（至今对这种指控仍存争议），这对新日本的象征符号化颇为重要。直至太平洋战争结束后（实际是在1965年），靖国神社内才设立了一座新的镇灵社（chinreisha），为那些自1853年起在日本内战中死去的人招魂。这是经过深思熟虑后进行的努力，旨在协助为战后社会创造一个更具包容性的国家意识。镇灵社崇祀的神中，最著名的要数江藤新平和西乡隆盛，他们是来自肥前和萨摩的近乎传奇的武士；他们认为明治政府背叛了真正的日本精神，便各自领导了反明治政府的佐贺之乱（1874年）和西南战争（1877年），虽然他们曾为建立明治政府出力甚多。他们实践武士的传统——自杀以免被捕。

换言之，对明治政权理念和政策的异议不仅在原谱代大名中间徘徊，而且在新得势的萨摩、长州（1876年发生过叛乱）诸藩以及其他地方滋生。在当代，镇灵社同神社内的其余地块相隔离，并被保卫起来，因为极端民族主义团体威胁要炸毁镇灵社，认为它是对国家的冒犯。

图4 西乡隆盛遛狗的雕像，位于东京上野公园

靖国神社是现代日本最具争议性的机构之一。在20世纪下半叶，政客参拜靖国神社的行为在东亚引发抗议，因为靖国神社现在还供奉着太平洋战争中在天皇名下战死的士兵。一些批评者认为，参拜意味着当代日本未能就1930年代至1940年代早期帝国军队在亚洲的侵略作出恰当的忏悔；另一些人认为，参拜事实上对为帝国战死者而言是一种不敬，因为镇灵社是在表彰日本国内的“国家之敌”，甚至还表彰在抗击日本帝国的战斗中死去的外国士兵（尽管其神龛不为人所见、鲜为人知）；还有一些评论者放言，说参拜只是一种尊重现代日本历史的表现。争论至今未见缓和的迹象。

明治国家的意识形态与法律改革

1868年天皇名下的《五条誓文》对新政权提出了许多要求。“求知识于世界”，以使日本实现现代化、成为强国，也许是其中最易实践的一条指令。这样一条命令对新政权有两点重大的暗示：第一是戏剧性地废弃了作为德川政权典型特征的锁国国策；第二是影响深远地削弱了在此前的三个世纪中占据教育特权的新儒学意识形态。

实际上，日本在锁国时期并未完全与世隔绝，幕府自身也曾向美国（1860年）和欧洲（1862年，1863年）派遣过使节，但1871至1873年外访的岩仓使节团，也许才是对开国政令最著名、最重要的回应。岩仓使节团由华族[①]岩仓具视领衔，长州出身的政治家木户孝允及同为长州出身、后成为日本首任首相的伊藤博文等一批元老均支持岩仓。在两年时间里，使节团先后访问了美

① 华族即贵族。1869年废除公卿、诸侯称号后，改为华族。1884年根据《华族令》授爵位。华族是一种特权身份，二战后始废止。

国和欧洲，在欧洲访问了英国、法国、荷兰、俄国、德国和其他一些国家。

使节团负有双重使命，第一是尝试就不平等条约同美国及欧洲列强展开重新谈判；第二是网罗科学、技术、医药方面的知识以帮助日本“追赶”现代列强，同时还学习现代经济、政治及法律体系。实际上，上述两个目标最终纠结在一起，因为至日本成功实现现代化之前，西方国家一概拒绝重新谈判条约。

使节团回到日本，当时的日本渴求欧洲的知识，初具雏形的市民社会为有关社会、文化及政治事务的话语提供了公共空间。在1870年代早期，日本迎来了第一批现代报纸的出版，以1871年《横滨每日新闻》问世为肇始，《东京日日新闻》（今天的《每日新闻》的前身）紧随而至。进步的《朝日新闻》也在这一时期（1879年创办于大阪）面世。同时，出版业在日本城市中售卖西方书籍、随笔集和译本，开始繁荣。这为西方哲学和文学提供了进入日本文化的通道，知识分子迅速捕捉到了这些被引进的文化的重要性和潜力。

在这一时期，出现了一个被称为明六社（成立于明治六年）的进步知识分子重要团体。团体的创始人包括一些有影响的公共知识分子和政治家，如森有礼、福泽谕吉、加藤弘之和西周。这一团体后被认为是所谓日本启蒙运动的先驱，因为团体接纳了为西方现代性奠基的欧洲启蒙运动的观念，发行了一份有影响的杂志——《明六杂志》。这份刊物讨论了当时最为紧迫的社会、政治问题，例如民选议会的优点、政教分离的重要性和妇女在社会中的地位。此外，刊物还论及其他“现代”话题，例如经济政策和欧洲化学界、物理界的革新。

明六社中有各界富有影响力的思想家，但其中最重要的或许还是“启蒙者”福泽谕吉，他曾作为幕府考察团成员在1860年访问美国，在1862年又访问了欧洲。福泽从欧洲回到日本后，因他的畅销书《西洋事情》（1867—1870）而成名；该书共有十卷，福泽在书中展示了西方现代性的成果。不久之后，福泽忧虑日本在现代世界的生存，便写了系列著作《劝学篇》（1872—1876），在书中呼吁日本抛弃传统的（儒家的）求知方法和社会组织结构。他批判了世袭和迷信的信条，强烈要求在社会中实现机会均等，认为应当根据人（无论其出身背景如何）的贡献，尤其应根据人的学业成就确立人在社会中的地位。福泽的确是一位教育先驱，他在1858年创立了庆应义塾，用“西方”知识训练青年；这所学校是庆应义塾大学——日本第一所私立大学，至今仍享有极高声誉——的前身。

福泽谕吉及其他“启蒙者”都是明治时期进步运动的组成部分，这一运动以“文明开化”（bunmei kaika）为口号，而这一口号本身则从一开始就将欧洲模式的理性启蒙观念（西方帝国主义国家宣称负有形形色色的“文明教化使命”，理性启蒙观念位于这些国家的核心）等同于实现文明开化。口号之下的基本理念是日本必须“追赶”西方，以在现代国际关系体系中生存。在许多知识分子和政策制定者看来，“弱肉强食”（jakuniku kyôshoku）的思路支配着国际体系的逻辑。福泽及其他人从赫伯特·斯宾塞的著作里得到了这一社会达尔文主义理念，该理念在日本产生了巨大的影响，驱使日本实现更高程度的工业化，并最终将日本引向了帝国主义。

福泽关于个人尊严的思想从根本上否定了儒家传统，为自由主义意识形态在日本的发展奠定了基础，同样，他对于国际关系的理解也有助于打破传统的、中国中心的地区秩序视角（在此视角中，孤立的日本被置于边缘），并且提供了条件，令日本可能超越中国乃至可能超越西方国家的实力和地位。如果斯宾塞对历史进程的看法是正确的，那么欧洲就只是**当时**最先进的文明，这就意味着日本将来可以**更先进、更文明**。在福泽及其后数十年间的一些人看来，超越西方的关键在于日本吸收“西方科技”但保留自身“东方精神”（和魂洋才）的能力。在下一章中，我们将会看到，1930年代和1940年代对“超克现代性”、实际上也是对“超克西方”的吁求，源头便是上述逻辑。

由于教育质量的提升、识字率的提高、印刷发行量的增长，这些新的、现代的观念给日本人带来了实实在在的冲击，在发展中的城市中心尤其如此。在1870年代和1880年代，政治组织在城市和乡村社区形成并迅速增多。这些群体的成员一开始主要是武士，后逐渐有了多样化的人员构成。至1881年，日本有了第一个全国性政党——自由党。紧接着，改进党在1882年成立，由后来的日本首相大隈重信领导。同年大隈还创办了东京专门学校，该校1902年改称早稻田大学，直至今日仍是庆应的最强对手。

这些政党都在1884年解体，但它们在组织请愿和集会、发布宣言、发行刊物乃至在向成员征款方面都非常积极。换言之，这些政党开启了现代日本的大众政治实践。1880年代的关键事件是自由民权运动，这项运动逐渐获得了日本人口中不同人群的广泛支持。然而意味深长的是，这一民权运动中从未真正有妇女的位置。仅有若干思想独立的个体勇敢行动、堪为典范，例如卓越的津田梅子，她曾随岩仓使节团出访美国，后于1882年回到日本，此后创立女子英学塾，这所具有重要意义的学校后来成为津田塾大学。

在一些历史学家看来，1889年颁布的明治宪法似乎是上述大众参政革命怒潮的自然结果。事实上，新宪法确实在许多方面响应了政党的吁求，包括设立两院制立法机关——众议院由选举产生、上院（贵族院）限从贵族中遴选，保障一系列权利和义务。然而，宪法在形式上由天皇赐颁，主权仍归天皇，天皇高于宪法条款，议会基本是顾问咨询机构。

因此，宪法事实上更应该被视为元老的战略性举措，旨在防止失去对大众参政的掌控。行贵族政治的元老实际上极其不信任政党，并且似乎十分蔑视日本的普通民众，认为民众没有文化、没有能力抛却私利谋事为公。在元老看来，政党体制似乎会为自私自利大开方便之门，还会导致政策支离破碎，因而日本难以消受——为了“追赶”西方，为了变得足够强大、在不稳定的国际体系中生存，日本需要联合一致。

换言之，明治宪法的颁布应当被看作元老的一种手段，旨在掌控破土而出的人民现代政治意识。实际上，宪法承认**并限制了**大众权利，它强调臣民的义务而非权利，并且在妇女权益方面毫无进步。事实上，妇女的解放仍然被认为是日本政治现代化进程中的主要道德风险之一——西方的妇女权益运动曾被看作欧洲已然道德失守的症候。宪法承认**并限制了**大众政治，它为议会提供经选举产生的众议院（选举权仅为男性人口中约5%的国民所有），实权却仍然不归议会，而是留在元老手中；军方也逐渐掌权，他们都能直接接触天皇，而天皇仍是主权的中心。元老的策略所取得的最大成功之一，就是先发制人，避免出现任何有关令日本成为共和国的议论，由此维护了根本的体系，这种体系后被称为天皇制（tennô-sei）。

明治国家的社会和政治改革

对于日本人民而言，所有这些革新的观念和现代法律改革只有在对日常生活起实际影响时才具有意义。尤其是，它们取决于国内社会改革和所谓士农工商等级体系的废止，后者将人口分为四个阶级（武士、农民、工匠、商人），提供的社会流动性极小。于是具有讽刺意味的是，革命者本来多为武士，而他们的首要任务便是废止本阶级的特权。这证明新政权有意愿、有能力实现对现代化的承诺。当然，并不是所有日本武士都具备对现代性要求的远见，其中有相当一部分人试图维护他们的传统特权。因此，革命的明治政权不得不坚定但审慎地行动，以免激起对革命的反动。

趁着维新的势头，元老集团很快有了动作。在活跃人物木户孝允和西乡隆盛的领导下，不出三年，大名的地位便被彻底改变；不出七年，整个武士阶级被废去身份。木户、西乡及其他如山县有朋等革命的领导人作出表率，在1869年将他们的自有土地上缴给天皇，而后从天皇那里获得任命，作为领薪的管理者治理原来的土地。结果他们保留了权力和地位，但他们对皇室的顺从具有巨大的象征意义，意味着**统一国家**实质上就是**皇土**。

元老在1869年上缴了自己的土地，1871年与天皇一起设立了国家委员会；他们单边废止了全部280个传统的藩，将其改置为72个县（是为今日日本地区单位之基础）。一些新的管理者原本甚至不具大名身份，而是有才能的武士乃至平民（heimin）。然而，大名获得了优厚的补偿，大多对新的安排感到满意，因为他们的安逸得到延续，而作为负担的责任则被卸除。

这一举措产生了一项重要的副效应——日本历史上第一次，一支国立的帝国军队可以统一在同一面旗帜下[①]，并且从萨摩和长州这样的强势边陲藩那里吸收兵员。

山县有朋是日本现代军队的伟大先驱，后来成为1889年明治宪法体制下的日本第一任首相（日本历史上第三位首相），1898年兼任了帝国军队的陆军元帅。在他的影响下，明治天皇邀请欧洲和美国的军事专家来训练新军使用现代枪弹。

正是山县促成了国家军队的建立，这支军队起初是由一万名武士组成的军事力量，后在1873年成为征兵制军队；那年，广泛征召所有20岁以上男性服役三年的制度开始执行。同1870年的其他各项改革一起，征兵制军队的建立，被日本的各种武士小集团视为最后的致命一击；征兵制似乎挑战了武士阶级最后的特权和义务——佩刀权和保卫领土之责。一些元老曾心甘情愿地向天皇上缴领地和头衔，但连他们也认为征兵制走得太远。事实上，同是在1873年，元老成员西乡隆盛主张由武士执行对朝鲜的侵略，山县有朋和木户孝允为了回日本阻止西乡的计划，不得不提前结束岩仓使节团的访问。西乡认为侵略可使日本的军队变强，并可恢复武士的生命力；他甚至自愿前往朝鲜，想被朝鲜人杀害，从而为战争制造借口。西乡的计划失败后，肥前武士江藤新平辞去新政权参议员一职，回到他的家乡佐贺，并在那里组织幻想破灭的武士，发动了一场厄运已定的叛乱。

因此，或许可以认为，山县的征兵令**既是**使日本军队现代化的尝试，**也是**约束和控制难驾驭的武士的必要步骤。实际上，山

① 战国时代的大名有自己的旗帜，所属军队各为其主。“统一在同一面旗帜下”不仅仅是隐喻性的说法，而且确实地指向了大名的各色旗帜统一为日本帝国旗的过程。

县的现代征兵制军队迎来的第一场重要军事胜利，便是在1877年的西南战争中全面击败西乡隆盛的武士军力。之后不久，在山县的领导下，日本的帝国主义军队也击败了中国（1895年）和俄国（1905年）。

日本的国家化带来立竿见影的经济优势，其中之一便是创建真正的国家税制，这在日本史无前例。这意味着中央政府能够为一系列公共建设项目筹集资金。大久保利通等人主张现代化，在他们的指挥下，资金不仅代表建设国家军队的能力，且赋予政府建设全国性铁路的手段，还可建“样板工厂”，供企业家和企业界效仿和发展。第一段铁路从东京延伸至横滨附近，1872年竣工；此后不出20年，共铺设了近2500公里铁轨。火车是（并且今天仍然是）工业现代性的标志，1854年佩里的缩微火车头令日本人感到惊奇，此后火车就成了日本人印象中强有力的象征。在此，日本政府的角色为我们带来一些有趣的问题，即在“后发优势”经济，或称以“追赶”为目标的经济中，国家应当扮演何种角色。

换言之，国家税制为现代经济体系的建立提供了燃料。它也引起了普遍的社会变革：铁路令日本偏远地区与首都之间交通更为便利——德川政权甚至不可能想象到这样的场景；此外，工厂的发展带来更高程度的城市化，完全改变了数百万日本人的生活。

然而，废藩也招致许多问题，比如过去武士从大名那里抽得收入，而今政府得给所有武士发放俸禄，形成了巨大的财政负担。1871年，这项负担总计约占国家税收的50%，而武士只在人口中占极小比例，这自然很快招来公众的极大不满。

最终，一种快速增量方法被用以逐渐废止武士身份。早在1869年，这一进程就已开始，武士等级被减至上级和下级两种。

三年之后，所有非武士阶级的日本人口都被重新归类为平民（从而终结了对服装、居所和职业的限制，这些限制曾是德川体制的特征），下级武士被并入平民。当然，平民阶级实际上依旧内部分化，持续多年。其间各种少数群体凸显：外国人被区别对待，西方人获得极大特权，而那些来自亚洲、往往是作为战争移民抵达日本的人，则遭受了相当严重的歧视；此前被称为秽多（eta）或非人（hinin）（不洁净的人或非人类）的社会少数群体，被重新归类为部落民（burakumin）——这只是在替问题更名，并未解决问题；[①]最大的处境不利的群体则是妇女，她们被挡在现代政权带来的所有新自由之外——反而被指望成为“贤妻良母”，或成为新兴纺织工厂不知疲倦的劳动力。当然，在迅速成长的城区和较为传统的乡村社区之间，也依然存在财富、价值和生活方式上的巨大差异。

事实上，1872年，在初等义务教育得到推行时，日本的一些地方发生了骚乱，抗议强制要求将孩子送进学校而无法让孩子外出做工。尽管如此，至世纪之交，已有将近98%的儿童接受初等教育，高等教育也开始繁荣，这意味着政府将能改革其招聘方式，根据人们在考试中的表现（而非依世袭）来聘用雇员。

1873年，政府决定对所有武士的俸禄征税。此后，在1874年，政府为平息武士对征税的怨言，提出了一项方案，即以政府债券充作武士的俸禄，那些接受这一方案的武士获得了极大的收益。而到了1876年，曾拒绝上述方案的武士发现他们不得不将

① “秽多”和“非人”在江户时期被归作士农工商之外的“贱民”，“秽多”一般从事处理死牛死马、殡葬等职业；“非人”多为贫农、城市贫民、乞丐。对所谓“部落民”出身的人群的歧视，至今仍是日本的社会问题之一。

图5 在三井自动缫丝工厂工作的妇女，约1905年

俸禄转为债券（且转换率远不如之前），当年，明治政府还废除了武士在公共场合佩刀的权利，限这项权利为警察和军人（其中有许多人为平民）所有。至此，武士所有的特权都已被系统地、逐步地解除了：他们不再有特权地位，不再享有年俸，不再有佩刀的权利，甚至不再有穿特殊服装、留特殊发型的资格。至1877年西乡发动"武士的叛乱"之时，武士已不复存在。

走向新国家主义

然而，值得思考的是，武士这一社会阶级虽在日本遭到了废除，对于“武士精英”的虚浮理想却并未被抛弃。事实上，日本很快便将可敬的、忠诚的武士形象重塑为国家名片，这正是日本在接触现代性时的悖论之一。武士阶级本来代表来自封建过往的、压迫性的、非生产性的、高耗费的特权精英，却被重新想象为日本**国家**价值的典范。甚至连西乡隆盛的叛乱也很快被浪漫化，被当作以天皇之名进行的一场光荣的自我牺牲——叛乱被表述为一小股武士在抵抗不可阻挡的现代性之潮，目的是为了向日本人民显示日本人应有的气概，以免机器、工业和重商主义导致人们忘本。正如西乡曾自愿在朝鲜牺牲自己以“拯救”日本，上述传奇称西乡在日本牺牲了自己，以从日本自身的手中拯救日本。尽管面临西化和现代化的冲击，这则通俗故事的道德力量是肯定日本传统中的根本价值——无论日本要作何种改变，日本仍必须是日本。

在支持武士道为“日本之魂”的人当中，新渡户稻造或许是最有影响力的一个。讽刺的是，新渡户认为武士道是现代性问题的答案；他认为欧洲列强都具有复杂且根深蒂固的宗教信仰及意识形态体系，这令诸国保有一贯的认同和道德价值：他担心日本缺乏这样一种国家认同。新渡户并非伟大的历史学家，但在回顾日本历史时，他将武士道看作一条贯穿的线索（尽管“武士道”这一术语实际上始于现代），并在将武士道介绍给世界时，称其为日本版的欧洲“骑士精神”。新渡户的名作《武士道》（1899年）事实上是以英文写就、面向西方读者，后来才有了日文译本。尽管如此，至20世纪早期，武士道并非武士阶级的一套理想而是日本的意识形态这一观念，已深深嵌入对征兵制军队的训练之中，并且更广泛地植根于社会。

从许多方面看，在日本即将迎来20世纪之时，“国家认同”问题是最为紧迫的主题之一，并且人们可以在新形成的、活跃的公共空间中参与讨论这一主题。致力于探讨“现代世界中何谓‘日本人’”的杂志开始出现。冈仓天心①等知识分子牵头，欧内斯特·费诺罗萨②等外国在日访学人士助推，他们都渴望挖掘日本人的“奇异”之处，以供欧洲和美国消费——一种名副其实的全国性自我拷问行为诞生了。后学认为这是所谓“日本人论”（Nihonjinron）文学（即探讨日本人独特性的文章）的肇始，此类文学今日仍有炮制。这种认同危机常被看作现代性成长之痛的普遍症候。

这一问题有许多维度。一方面，日本一些最伟大的现代小说家，比如夏目漱石，在他们的作品中把同现代性的遭遇作为中心主题。漱石曾在世纪之交游学英国，当时英国受到污染的工业城市昏暗无光、已变得令人沮丧，漱石便带着这种印象回到了日本。他的许多最著名的小说哀叹传统日本价值的丧失，因为它们被此类工业现代性吞没了。其他作家，例如冈仓天心本人，则试图通过对比易逝的现代性重商主义来认识并明确定义日本的美学；如果不能认识“日本的”价值，又如何能保存它们？

另一方面，外行人则试图发现新日本的界限，暗中以他们的

---

① 曾任东京美术学校首任校长，后创办日本美术院。受到费诺罗萨影响，排斥西洋画，主张复兴国粹。著有《东方的理想》、《茶道渊源》等书。

② 美国汉学家、诗人、文艺理论家。撰有《中日美术史纲》等书及《汉字作为诗媒》等文，曾在日讲学。

行动探察其边界。内村鉴三事件就是一个非常著名的例子。内村是东京第一高等学校的英语教师，1891年1月，内村拒绝向天皇本人签名的《教育敕语》鞠躬。他声称明治宪法允他以宗教信仰的自由，作为一名基督徒，被强制敬拜偶像将是对他的信仰的侵犯。不幸的是，官方和校方均未表示同情，在针对这一所谓叛逆行为的抗议声浪中，内村最终被迫辞职。内村事件显示对基督教的猜忌仍未绝迹，正是这种猜忌令德川政权禁止信教，同时也显示了日本正在形成的国家认同中某些核心的要素。这一事件尤其体现了一点，即天皇其人及其象征均不可侵犯，仅在不侵犯臣民对天皇的义务的前提下，自由和权利才会得到保障。

换言之，明治日本对现代性的接纳有其特质。日本曾是半封建的政治联盟，经济联系松散，外交政策发展不良，后转变为统一的国家政体，拥有国民经济和在国际上逐步提升的实力，然而，它的国家认同和统一深深受缚于天皇这一传统象征。当然，许多现代欧洲国家也曾是君主政体，至19世纪末，西方最终以废止不平等条约的形式承认了日本的现代性。

然而，即便在日本吸收西方科技、医药、文学和哲学之时，日本人已尝试定义并保存那些使他们成为“日本人”的独特特征。此类特征之一就是天皇本人：日本是帝国政体。我们将在下一章看到，这一帝国的认同，加上巨大物质力量的累积、关于社会进化的欧洲观念和首都的自然扩张，将日本引向了一条道路，令日本企图通过向邻国并且最终向欧美的民主国家开战来“超克现代性”。

第三章

超克现代性和被现代性超克：战时日本

面对所谓西方世界列强时的国耻感和不安感，触发了19世纪下半叶席卷日本的巨大变化。然而，日本成功地接纳了现代性的观念和外在特征，并摆脱了强加在它身上的不平等条约，民族自信心因而高涨。日本社会的某些部分选择接受一种观点，即现代性是成套的，不仅包括技术革新，也包括社会道德观念和文化实践；然而另一些部分则开始运用新生的自信心，以此为契机，挑战现代性必然等同于西化的主张。既然日本已跻身现代世界，最紧迫的问题似乎不再是如何定义“现代日本的现代人”，而是转向了一个更为个人化的问题，即作为一个日本人首先意味着什么。

一方面，我们可能会看到对这一问题的浪漫回答。知识分子、作家、艺术家及活动家向想象中的日本往昔寻找有关日本人“本质”的线索。对其中一些人而言，这意味着将武士道重塑为“日本之魂”，或将神道教重塑为国家宗教和拜天皇教；对另一些人而言，这可能意味着重新发现对易碎、阴暗之美的特殊审美，它是日本美学的特点。换言之，现代性带来的核心挑战之一，是它迫使日本社会自省其认同，从而催生了新的文学，这种文学后被称作“日本人论”。在许多人看来，问题在于如何令这种认同适应现代世界的要求。

另一方面，我们可能会看到一种更接近沙文主义的反应。这类观点认为，核心困境并非如何在现代化带来的急剧变化中保存“日本人”的元素，而是如何对抗现代化进程本身。这一立场将日本的传统（且不论是否由生造而来）极端化，并断言这些传统较西方国家的传统优越，据此认为在“进步”这一错误伪装下，西方国家传统将有可能污染并削弱日本。随着日本自信心与力量的增长，上述沙文主义便有陷入侵略性使命感的可能，即认为日本在道义上有义务重申它自己真正的认同，而这一义务意味着，帮助其他亚洲国家超克现代性及西化的隐性感染，是所谓日本在道义上的“使命”。简而言之，上述立场提供了条件，令一种自相矛盾的、反帝国主义的帝国主义有可能在亚洲出现；日本的任务是将亚洲从西方帝国主义的掌控中解放出来。

明治帝国的政治

上一章已经论及，就其特征而言，明治维新及随之而来的革命具有帝国的本质。在被称为“帝国的年代”的时期，西方列强的魔爪已经遍布亚洲，在日本的政治和军事精英看来，他们的新生帝国主义国家也应拥有自己的帝国，这似乎十分自然。方从欧洲回到日本的山县有朋，正是抱着这种想法，效仿彼时最强大的帝国主义国家——狭小岛国大不列颠的海军，努力去建设强大的日本海军。

虽然西乡隆盛在1870年代早期入侵朝鲜的计划遭到元老们，尤其是遭到山县有朋的阻止（元老们为阻止该计划提前结束了岩仓使节团在欧洲的行程），但政府并非反对这一计划的帝国主义野心，而是反对其方式和冒险的理由。事实上，山县本人在1876年论述说，朝鲜是日本“区位优势”的重要组成部分，朝鲜（作为不甚现代的社会）较为弱小，难以抵御日本的区域野心和西方野心，同时，这也使日本为朝鲜的孱弱所累。山县声称，既然总要落入某一方手中，朝鲜就应当受日本支配。

抱着这种帝国主义竞争的想法，兼且意识到自身是区域舞台上的新势力，日本在1876年将《江华条约》强加给朝鲜。《江华条约》的签订过程简直一如佩里强加《神奈川条约》于日本，前后相隔不过20年，两项条约的条款也具有相似的剥削性质。山县等人认为，朝鲜若不实现现代化，就不配享有平等条约。于是在整个1880年代，日本派遣特使，就如何实现教育体系、经济和政治体制现代化向朝鲜提出建议，恰如日本曾从欧洲获得类似的指导。

朝鲜形势极其复杂，尤其是因为日本和中国历来竞争对朝鲜半岛的影响力。《江华条约》及如此众多的日本顾问的存在激怒了中国统治者，也激怒了许多朝鲜民众。在日本，舆论领袖们试图依靠大亚细亚主义的花言巧语——说日本是在助朝鲜以助自身，作为亚洲兄弟国家帮助另一国抵御西方的威胁——来掩盖日本外交政策中赤裸裸的伪善。但针对日本特使们的暴力事件在朝鲜仍频频发生，最终在1894年爆发了反对外国干涉的全面起义，即东学党起义。这场起义部分是一场宗教运动，部分带有大众排外主义，部分带有反日情绪，它严重动摇了朝鲜的稳定，以至于朝鲜统治者为恢复秩序，向中国（朝鲜的传统宗主国）请求了军事援助。日本对这一举动深感恼火，遂以保卫"区位优势"为借口派自己的军队开赴朝鲜，并在朝同中国人发生了冲突。结果是引发了甲午战争，这是中日在现代的第一场战争。

拜山县有朋鼓动的现代化建设所赐，日本军队远较庞大邻国的军队强大。此外，日本以大英帝国为榜样，建设了一支有力的海军，史无前例地拥有了能与中国匹敌的海上力量，并且具有技术优势。结果日本取得了甲午战争的胜利，其在朝鲜的特权地位由此得到巩固。此外，日本还霸占了中国的台湾岛、中国大陆上虽小但具有重要战略价值的辽东半岛，并索取巨额现银作为战争赔偿。

日本人民曾对军队的军费和特权相当不满，但甲午战争这场巨大的成功受到了日本人的极度追捧。在公共空间中，兴起了众多为日本的帝国主义计划张目的言论，有社会达尔文主义和适者生存说（“要么成为帝国，要么只能做殖民地！”），有现代资本主义经济自然扩张进程说，还有对国家建设计划的浪漫呼声。就后者而言，在接下来的数十年中，日本公众被填塞了一系列意识形态建构，这种建构或许始于所谓的水户学。水户学混合了儒家孝道和神道教神话，制造了日本作为宗教秩序神圣中心的幻象，并把给亚洲人民带去天皇之光作为所谓的“道德使命”。

简单来说，公众对政治问题的所有权意识越来越强：日本是**他们的**国家。事实上，自1890年在新宪法下进行首次选举以来，大众参政的动力就很强，那次选举中，两大政党（自由党和改进党）共赢得众议院300个议席中的171个席位。尽管选举权事实上仅为1%的人口（男性且为高额纳税人）所有，但国会议员和选民在支持社会福利措施方面态度严肃，因而也就严肃地运用他们制定国家预算的权力。市民社会则更广泛地在报章、集会和示威活动中进行此类辩论。

与此同时，对于让“平民”影响国家决策，尤其是影响军事预算，元老们、他们的亲政府政党（在1890年的选举中仅收获不到80个议席）和不经选举的贵族院深感怀疑。尽管有政党批评被山县坚称为保卫日本“区位优势”所必需的庞大军事开支，但事实上，这些政党对于重新分配预算以改善民众境遇却并不十分感兴趣—— 工人权益在很大程度上遭到忽视，直至1911年，才通过了一部极其软弱无力的工厂法；直至1920年代，妇女方获参与政治集会的权利。甲午战争带来的乐观情绪实际上在其后十年致使大众改变了对战争预算的看法（1895年，国会甚至投票支持一项法案，该法案旨在增加大企业税负，以增加政府预算），这种影响持续至1905年左右，当年在东京中心区域的日比谷公园发生了暴动①，抗议军队、军费和显然的军事失败，尽管日军在日俄战争中取得了胜利。

英国为日本的战胜叫好，并在不久之后终结了同日本的不平等条约，但并非所有欧洲列强都如英国一样乐见日本的胜利。《马关条约》的诸项条款甫一公开，俄国、法国及德国即发表了联合通牒，要求日本将辽东半岛返还给中国。俄国也自谋划在华势力范围，尤其是对俄国而言，虽小但具战略性的半岛给了日本在地区内的过大优势。日本公众将这场“三国干涉还辽”事件看作西方的奸诈，但日本别无选择，被迫撤回了军队。待到不久之后，俄国将半岛据为己有，其他欧洲国家乘中国孱弱之机，夺取了另一些港口城市，日本公众的怨恨情绪愈增。在许多日本人看来，“三国干涉还辽”及之后的事件似乎体现了单纯的种族主义：尽管日本已符合一个“现代国家”的所有标准、已将自身从不平等条约中解放出来，它仍然未被真正当作一个国际主体。

事实上，日本与俄国的缠斗才刚刚开始。所有列强都欲在亚洲——尤其欲在中国——建立势力范围，这令它们产生直接的军事接触。在世纪之交，中国北方兴起义和团运动（1899—

---

① 即日比谷烧毁事件，也称“日比谷公园骚动”。由国权派团体主持，受盘剥的劳动群众参加，旨在反对《朴茨茅斯条约》，日本在该条约中放弃日俄战争赔款及一些领土要求。

1901），日本加入国际联盟以行打击，英俄两国也是联盟成员。后来，日本试图让英俄两国正式承认日本在朝鲜的权利要求。1902年，日本在外交上取得了一项重要进展：它同大英帝国结盟，根据盟约条款，英国承认日本在朝鲜的权利要求，并将同日本合作，对抗俄国在地区内的势力扩张。这是大不列颠首次与非西方国家结下正式同盟，日本国内对此大加炫耀，认为这意味着国家翅膀硬了。然而，俄国却未予相应的承认。

受日英同盟的鼓舞，前首相伊藤博文搬出了所谓的"满韩交换"（Mankankôkan），欲与俄国达成协议，以日本对俄国在中国东北优势的承认，换取俄国对日本在朝鲜特殊利益的承认。然而，这项提议被俄政府回绝。日本将俄国的回绝解读为对方确凿的敌意，断绝了两国的外交关系。在正式宣战前三小时，日本帝国偷袭了停泊在辽东半岛旅顺口的俄国太平洋分舰队。日本帝国海军进一步予俄国舰队以重创，围攻、占领旅顺口，而后在持续仅一天的对马海峡之战（1905年5月27日—28日）中完全击败了著名的波罗的海舰队。波罗的海舰队此前着实绕了大半个地球，经非洲好望角，欲突破旅顺口的包围圈（但在舰队到达时，旅顺口已经陷落）；日本在日本联合舰队总司令东乡平八郎的指挥下取得的胜利震惊了世界。俄国人感到他们不可能如此轻易地被日本人击败，莫斯科流传着出于愤怒、毫无根据的谣言——暗指波罗的海舰队是被作了伪装的英国海军摧毁。总司令东乡平八郎1870年代确实曾在大不列颠受训，他在对马之战以后获称"东方的纳尔逊"[①]。英国皇家海军向东乡赠送了一束纳尔逊的头发，以庆祝他的功绩，山县有朋则在1906年从英王

① 霍雷肖·纳尔逊（1758—1805），英国海军将领、军事家，曾大破拿破仑舰队。

爱德华七世那里获颁功绩勋章。

日本的胜利在国际社会引发震荡，因为这是欧洲国家在现代首次被亚洲国家击败。俄国的军事力量遭到破坏，威望遭到严重损害——事实上，战败带来的耻辱也是为1917年俄国十月革命作铺垫的因素之一。然而，尽管日俄战争富有戏剧性、制造战功、带来胜利，但对于日本来说，却并非巨大的成功。终结战争的《朴茨茅斯条约》条款，显示交战双方事实上是两败俱伤、所获甚少。日本成功展现了等同于乃至超越西方列强之一的实力，并因此巩固了它在地区内的地位：俄国承认了日本在朝鲜的利益主张，而朝鲜将在1910年被日本悄然吞并。此外，俄国还被迫移交旅顺口的25年租约，将旅顺口给了日本，由此逆转了“三国干涉还辽”的结果。最终日本（仅）得到了库页岛的南半部分。然而，日本未能像甲午战争结束时那般得到巨额战争赔款，而日本公众认为这不可接受——在日本的一些主要城市，甚至发生了由此产生的示威暴动。

日本国会和广大公众不那么支持军队及军费了。事实上，在下一个十年中，日本的城市中心频频发生示威和暴动，抗议军费挤占公共交通费用及粮食费用，同时还时有支持扩大选举权的示威游行。

同一时期，工会和“互助会”开始为人接受，初生的社会主义运动也开始获得支持。1901年有一个社会民主党成立，但立即遭到禁止。在幸德秋水、片山潜等活动家的领导下，社会主义运动变得激进，转变成了无政府主义和共产主义，幸德和片山最终在1911年的大逆事件中被处死刑。即使在日俄战争之后，正统的日本国家建设计划也从未接受过左派，因为左派声言挑战将整个明治国家统合在一起的那个象征：天皇其人本身。

如此一来，1912年明治天皇睦仁的死去就成了现代日本史的真正转折点。明治见证了日本统一为民族国家，也见证了国家的现代化，日本成为能与西方平起平坐的帝国主义国家。然而，在他死去之时，日本已经开始进入一个新的政治阶段，因为民意转而反对国家的军事化，且正寻求在日本建立真正的参与民主制。政党更趋协调一致、更关注议题，而不再只是国会议员加入的俱乐部。事实上，在明治死去之年，立宪政友会领导人原敬成功搁置了军队的新预算。甚至政界元老山县有朋也未能使局势变得对军队有利。由此开创了一段后来被称为“妥协政治”的时期。原敬进而在1918年成为日本首位依托于政党的、平民出身的首相。

大正民主

大正天皇嘉仁1912年至1926年在位，统治时期较短，昭和天皇裕仁随后即位，直至1989年死去，方结束其统治。在许多历史学家看来，日本经历一个世纪的战事和斗争，其间大正时期似乎是透着宁静的一扇小窗。知识分子和活动家如吉野作造提倡一种被称为民本主义（minponshugi）的民主，且他认为这同日本的君主立宪政体并不矛盾。同时，宪法学者如美浓部达吉认为，最好将天皇看作整个国家结构中的一个“机构”，而不应将其等同于整个国家。而像新渡户稻造这样的国际主义者则寄信心于新的世界秩序的形成，这样的秩序承认多样性和多元文化的成员资格。新渡户本人自1920年起就是国际联盟的副秘书长，还是国际智力合作委员会（联合国教科文组织的前身）的创始理事。

在此背景下，在迅速成长的城市中心，新的中产阶级正在兴起。所谓的工薪阶层（sarariman）——到处可见的白领工人——由此诞生。这一时期还能见到新的白领女性阶层，她们或是“办公室女性”，或是在商店做服务员。大体上，从事这些职业的女性薪水极低，但她们作为现代生活的标志，出现在大众文化之中：她们浮华而时髦，沉浸于商品和时尚的消费主义，常常被刻画成道德自由的女性，向顾客出售西式服装和吻。这便是现代女孩（moga）。新的中产阶级（相对于原武士家庭的“旧中产阶级”而言）被表征为自由的和开放的，他们经常在不同公司换不同工作，并且享受着现代生活的外在特征。

这种新的生活方式与新的文化相依共生，并且日本人在大正时期热烈地接纳了许多美国消遣方式：棒球和爵士乐最为普遍。但日本自身的文化也在发酵发展，芥川龙之介和谷崎润一郎等大概是日本现代最伟大的作家，他们书写阴暗而优美的短篇和长篇小说，思索一些问题——诸如在迅速变化的日本社会中个人和文化的认同。与此同时，前卫诗歌和艺术盛行。“一日元书籍”的出现，全国性和地方性报纸的进一步发展，小说、杂志、漫画租赁店的开张，都将文化素材带给更广泛的、教育程度不断提高的公众。

当然，中产阶级形象并非大正日本的全部。属于工人阶级的工厂劳动者曾是明治时期极为重要的群体，他们发现自己的境遇几无改善。年轻妇女又一次直面巨大的压力，男性则在更偏于重工业的、同样严苛的环境中辛苦劳作。不过，在大正时期，工人阶级也逐渐认识到了他们的苦境和力量：工人们开始组成工会和“互助会”，甚至部落民也开始通过结成水平社[①]（Suiheisha）来参加社会行动。整个1920年代，地方性论争和罢

① 1922年成立，是日本部落民为废除身份歧视、争取平等而建立的日本全国性组织，全称“全国水平社”。

工在数量上有所增长，因为活动家们开始接纳自由的乃至共产主义的思想。

大正时期好似没有战事的避风港，这种景象至少部分是仰赖日本在欧洲的第一次世界大战期间经历的经济繁荣。由于日本在一战时努力满足欧洲和国内需求，其工业产值增加到了原先的五倍，出口暴增（纺织品尤其突出）。在现代史上，日本首次成为了净债权国。

历史学家常常忽略日本在第一次世界大战中扮演的角色：日本应盟友大不列颠的要求，在1914年8月23日参战，而后迅速占有了德国在东亚的势力范围，包括山东和青岛。日本帝国海军进而在10月占领了一连串德国的岛屿殖民地，包括马绍尔群岛。此外，日本利用了地区内不稳定的局势，巩固其在中国东北的地位，并将矛头指向孱弱的中国——炮制了所谓的“二十一条要求”，对华索取经济和领土特权。而在其他地区，1917年俄国爆发十月革命后，日本还与美国联合作战，试图支持“白军”[①]；它还向地中海派遣过一支由17艘舰船组成的海军中队，协助护送以马耳他为据点的英国船只。事实上，参与一战为日本赢得了凡尔赛宫的席位，四巨头（英国、法国、美国和意大利）在那里商议了1919年的和平条约[②]；日本同时还获得了国际联盟行政院的永久席位——这样的成绩二战后的日本在联合国却未能实现。

日本国内对西方各国的认可报以热情。然而，日本代表团并未能在和会上尽获所求。日本固然游说成功、得以继续占有其在亚洲的既得领土，但他们的第二个目标——在《国际联盟盟约》的序文中添加种族平等的条项——却未能达成。由前首相、

① 十月革命时反对布尔什维克的军队。

② 即《凡尔赛和约》。

图6 处在十字路口的现代性，约1928年

元老西园寺公望率领的日本代表团，向和会提议如下条项：

各国平等是国际联盟的基本原则，缔约国同意，尽快给予来自联盟国的外国公民平等、公正的待遇，在法条或事实上，皆不准以种族和国籍为由行任何形式的歧视。[1]

事实上，在场的17个代表团——包括除美国外的所有非欧洲国家代表——投票支持上述条项，占据多数。原则上这意味着这一动议可获通过。然而，时任美国总统伍德罗·威尔逊作为会议主席推翻了决定，声称尽管动议获多数赞成，但鉴于反对之声如此强烈，动议应取得全体一致赞同，方可得到通过。威尔逊其实是在谈英国的反对，对于英国而言，条项所要求的举措意味着大英帝国的完结，而威尔逊知道，相较于日本的支持，新兴的国际联盟更需要英国的支持（尤其在美国本身未能加入国际联盟之后）。

日本国内不满在凡尔赛宫的这一失败，街头爆发了抗议活动。在许多当时（及此后）的评论人士看来，这像是西方种族主义的另一例证，与日本在"三国干涉还辽"时感受到的奸诈相呼应。日本在1920年代前后已经成了现代的宪政民主国家，拥有威风八面的帝国和繁荣景气的经济，在这一语境下，不公感更为严重——日本已经满足加入现代国家行列的所有客观标准，但它仍被拒之门外。归结起来，似乎变得现代还不够——现代日本永远不会被看作国际事务中的平等伙伴，只要它仍然有日本味。这是日本无能为力之事，且日本实际上也越来越认定，保持其独特认同事关紧要。日本浪漫主义者和沙文主义者力求在这个现代国家重新发现、重新确立甚或单纯保护日本的独特性，凡尔赛宫的事件更为之火上浇油。

仅仅在两年之后，英国任日英同盟失效，转而提议签署增美

---

① 这一时期有不少日本人移民美国，常受种族歧视，是为提议产生的背景因素之一。

国、法国、意大利为缔约国的五国海军协议。这一1921年签订的协议被称为《华盛顿海军条约》，其后约十年间，还有许多类似的条约得到签署。条约要求将缔约国之间的海军力量维持在一定比例（以主力舰和航空母舰的吨位来衡量）。就日本而言，关键比例是英、美、日三国吨位比被设为5∶5∶3，这意味着日本总得弱于英美，而正是英美反对日本提出的种族平等条项。不过，对于日本国内那些认为英美世界存在系统性种族主义的人而言，或许1924年美国通过的移民法[①]才最终令人忍无可忍，因为该法案独独禁止东亚族群移民美国。

不幸的是，这种对于无情的国际环境的认知，适逢战争经济泡沫破灭，日本国内经济随之崩溃，同时又遇上1923年关东大地震这样的天灾，地震造成15万人死亡或失踪，东京约有50万所住宅被夷为平地。在大正时代末期，日本处在经济萧条之中；随着私人银行倒闭，财阀（zaibatsu）的集团企业（例如三菱、三井和住友）开始接掌经济，同时培育他们与政党和军队日益密切的关系。这意味着财富聚集到更少的人手中，而更多的城市人口则挣扎以维生。因此，进入军国主义逐渐抬头的昭和时期，日本又具备了变化的条件：民主之窗行将关闭。

昭和初期和太平洋战争

1929年纽约股市崩盘之后，经济萧条席卷全球。1931年，日本令日元脱离金本位制，眼看着日元对美元贬值50%。失业率急剧上升，很快便超过了20%。城市中心曾经有过十分振奋人心的

---

① 也称《约翰逊—里德法》。该法案按地区、人种推行移民人数限额，除西北欧族群配额遭一定程度削减外，南欧和东欧移民受到歧视、配额遭大幅削减，而亚洲人更是被完全禁止移民。

大正时期现代生活，现在现代化境遇的阴暗面却变得显而易见。知识分子开始书写资本主义的危机和现代生活的焦虑。尽管共产主义运动在1925年《治安维持法》颁布后被列为非法，但在各大学内仍有酝酿。城市时尚的象征——“现代女孩”女招待和商店服务员——在大众想象中逐渐被视作娼妓的婉称。现代性开始被当作威胁日本之魂乃至日本幸福的传染病，而不再是一种物质的恩惠。日本人民在1920年代后期就已开始挣扎，现在他们将失意归罪于政党，指责政党是“资本主义的走狗”。秘密的政治运动开始蠢动。

1930年代初期，政治暴力活动之频繁达到了前所未有的程度，许多评论人士将其称为“遇刺政府”时期。1930年，在伦敦海军会议上，首相滨口雄幸未能确保同英国和美国签订更为平等的海军条约；同年晚些时候，他在东京火车站遭到一名极端民族主义组织成员的枪击，成了第一个牺牲品。次年，政府当局发现并阻止了两起互无关联的政变密谋。1932年，下任首相犬养毅没有支持关东军在中国东北的行动，后被一群属于秘密组织的海军将士暗杀。1930年代初期的这一系列事件事实上终结了议会统治，标志着军队对政治事务的控制趋强。尽管人口中的大多数对上述趋向感到恐惧，但军队尤其可以寄望于在乡村获得重要支持。庞大帝国和重回明治荣光的前景是如此迷人，令人不再注意当时的各种问题。

与此同时，军队自身也开始分成派系、更难驾驭。尤其是关东军，这支在1906年为确保日本在中国东北的利益而建立的军队开始煽风点火、要求行动。时任关东军战地指挥官的石原莞尔中佐存有“千年幻想”，认为在即将到来的“世界最终战”中，世界各国将因为现代性带来的道德败坏而受到惩罚。他的解决方案是提议日本占领中国东北，将中国东北当作社会实验室，试验新的、更好的组织形式；他企图制造一个新的、以无私为原则的后资本主义社会。他的动机主要具有佛教意味，而非共产主义。为达上述目的，本来负责监护铁路的关东军未经东京授权，就精心策划了针对这条铁路的袭击。他们炸毁了沈阳城附近的一段铁路，进而诬称这是当地中国军队的袭击，以此为借口发动攻击，正式侵占中国东北。在东京，这一既成事实令接任首相的犬养毅感到震惊，对于吞并中国东北为殖民地，犬养拒绝接受。在犬养遇刺后，1932年3月，伪满洲国傀儡政权成立。“九一八事变”标志着中日两国之间所谓的“十五年战争”[①]的开端。当时日本正处于萧条之中，大多数日本人对关东军胜利和帝国扩张的消息感到喜悦。

对于日本侵占中国东北，国际社会以国际联盟（日本曾在其中起过主要作用）的名义采取措施予以谴责，拒绝承认伪满洲国为独立国家，并在1933年2月发布《李顿报告书》，要求日本从中国东北撤军。然而这力度太小，且为时已晚。在日本，国联的谴责只被认作西方国家——尤其是当时支配着国联理事会的英国——的奸诈。日本于是直接脱离国联，声称它将“在亚洲走自己的路”，暗指国联是一个地区性而非世界性的组织。结果，许多日本人确信，西方国家对日本、在更宽泛意义上是对亚洲抱有根本性的种族歧视。日本开始逐渐自外于国际社会，因此越来越依赖自身的军事力量。

---

① 这是日本学者的称法，指自1931年“九一八事变”至1945年日本无条件投降这段时期，在此期间，日本大约经历了15年的战争。我国一般认为“九一八事变”是日本侵略中国的开端，而称1937年至1945年为抗日战争时期。

"在亚洲走自己的路"很快便在日本露出了真面目。不出五年，军队就占用了近75%的国家预算，许多关于外交政策和国内预算的决策由军队的各个派系讨论得出，这些派系的领导人有权直接接触天皇，按照被明治宪法奉为神圣的原则，天皇拥有发布至高命令的独立性。受北一辉激进著作的影响、抱着对仍存一息的政党政治的不满，一群属于所谓皇道派（kôdô-ha）的军人认为日本已经失落了明治维新时纯正的帝国精神，遂发动了一场武装政变。1936年2月26日，这些军人夺取了对东京中心城区的控制权，杀死了财政大臣和前首相斋藤实，又错把时任首相冈田启介的妹夫当作冈田杀死。这批军人随后吁请天皇裕仁宣布"昭和维新"，称这将赋予天皇对帝国军队的直接控制权，并为日本带来新时代的帝国荣光。

天皇显然对这一破坏宪法秩序的非常之举感到震惊，政变最终被与皇道派对立的统制派（tôsei-ha）军队镇压，后来成为日本首相和将军的东条英机就属于统制派。这次政变并未打破军队的控制，反而起到了巩固统制派势力的作用。

西园寺公望是当时仅存的元老，他试图限制军队，因而推荐近卫文麿公爵为下任首相。然而，出身显赫如近卫，也未能限制军队的野心。1937年7月7日，日本帝国军队在北京南部的卢沟桥同中国士兵交火，当时近卫接任首相刚过数个星期。关于是哪一方先开火的，并无明晰结论，但许多历史学家认为，日本军队制造了这起冲突，以炮制扩大战事的借口。无论事实如何，日本帝国军队野心勃勃、意欲在中国更进一步，却是毋庸置疑的。

最终，近卫本人也鼓吹日本扩张主义。他并未尝试阻止日军在华所为，却授权扩大战事，于是军队马上发动了全面进攻。至12月中旬，日军已将战事从北京南部扩大至上海和南京。日本帝国军队在南京的行为不可理喻、令人毛骨悚然。日军集聚数万平民和已经投降的士兵，而后将他们集体杀害；强奸、杀害的各年龄段妇女可能达两万人。总的伤亡数字至今仍存争议，各方主张的死亡人数从数万至30万不等。可怕的暴力持续近两个月。日本帝国军队为何会有如此骇人听闻的行为？日军最高指挥机关为何准许暴行持续近两个月？对于这两个疑问，至今未见令人满意的答案。

一小撮当代日本的右翼修正主义者争辩说，南京大屠杀从未发生；他们声称大屠杀是获胜的盟军在战争结束后捏造的，是进一步惩罚、欺骗日本人的手段。这种观点的一个著名例子便是小林善纪的《战争论》（1998年）[①]，这是一部引起争议的漫画。日本的一些高中历史教科书在言及南京大屠杀时，不称其为“南京大屠杀”，而是用“南京事件”这样的中性词来表述，此种对暴行的否认在中国引发了抗议。“日本历史教科书争议”还牵涉到对于“慰安妇”（日本帝国军队的性奴隶）的遮遮掩掩、表述不足，至今仍引起极大的愤怒。一些历史学家例如家永三郎曾提起诉讼，控诉文部省试图审查忠实揭露日本战争暴行的表述。家永的斗争在全世界广为人知：诺姆·乔姆斯基两次向诺贝尔和平奖提名家永（1999年，2002年）。

战事一开始被推至南方，后来在1938年下半年逐渐陷入了僵局。日本在1936年和1937年先后同纳粹德国和意大利联合签署了《反共产国际协定》，受此协定的驱使，日军决定转而把战事向北推至西伯利亚。然而，1939年夏天，诺门坎的宏大坦克战（给日本和苏联双方）带来了灾难性的后果，以至于日军放弃

① 此漫画颠倒黑白，美化“大东亚战争”、否认南京大屠杀和慰安妇的存在、企图篡改历史。

了所有向北前进的计划；1941年，日本与苏联签订了《日苏中立条约》（苏联已在1939年秋天同希特勒签订了《苏德互不侵犯条约》）。

北面局势安稳，中国战事胶着，帝国军队开始考虑其他方案。1940年，日本同德国、意大利签订了《德意日三国同盟条约》，这一条约实际上针对美国。日本于是得以南进印度支那，因为法国维希政权[①]被课以同德国的盟友合作的义务。此时，美国总统罗斯福为努力贯彻美国的孤立主义政策，对日本亮出底线，实行了石油禁运，除非日本从中国撤军，不予重开。与此同时，在将所有政党并入"大政翼赞会"（Taisei yokusa-nkai）[②]这一单一组织，并将所有工会并入产报（Sanpô）（大日本产业报国会）后，近卫被东条英机取代，东条成了日本第一个兼任陆军上将和陆军大臣的首相。

东条视美国的禁运为套在日本脖子上的绞索，决心采取激烈的行动挣脱。东条并未选择再一次屈服于美英国家的压力，而是决定向东南亚发动新的进攻，目标是英国和荷兰的殖民领土；还要对驻留在珍珠港的美国太平洋舰队实施决定性的打击。

1941年12月7日（日本时间12月8日），日本海军倾全力对美国发动了攻击，摧毁两艘战列舰、两艘驱逐舰、近200架战机，美军另有至少10艘其他战舰受损。偷袭致近4000名美国人伤亡。相比之下，日本仅损失不到30架的战机和65名兵员。

如同日本在1904年偷袭旅顺口时一样，这次针对珍珠港的袭击也在宣战之前发生。事实上，在袭击刚刚发生后，位于华盛

① 法国沦亡后，纳粹德国扶植的傀儡政权。

② 近卫内阁建立的法西斯组织，宣布解散一切政党，口号是"承诏必谨"、"完成翼赞大政的臣道"。

图7　1941年12月7日，日军偷袭珍珠港。照片中可看到美国军舰“俄克拉荷马号”已经倾覆，旁边是“马里兰号”，“西弗吉尼亚号”正在燃烧

顿的日本大使馆公布了遭延迟的宣战通告，因为大使馆的职员花了太长时间对宣战信息进行译码和翻译。尽管如此，“偷袭”这一事实（以及之后进行的刻意宣传）在动员美国公众舆论抗击日本方面起到了重要的作用，并使美国人下定决心参加之后的太平洋战争。东条和东京的策划者们原本想对珍珠港造成毁灭性打击，以为美国公众会因此失去同日本作战的勇气、很快降服。当时日本国内流行的观点认为“美国精神”植根于一片充斥摇滚舞曲、高楼和道德真空的蛮荒之地：是现代性疯了。这可能是东条的最大误判。

虽然如此，偷袭珍珠港一战仍可算是对美作战中的巨大成功。英国人占据的新加坡和马来半岛很快便陷落了。菲律宾群岛和荷属东印度[1]也落入日本帝国军队之手。至1942年，日本人的帝国北起库页岛，横扫伪满洲国，占领大片中国领土和朝鲜，再经由东南亚群岛贯通至日本。东京建立了“大东亚省”，管理帝国，称帝国为所谓的“共荣圈”（kyôeiken）——这便是日本计划的“在亚洲走自己的路”的实质。

反帝国主义帝国的意识形态

1943年11月，被侵略国家（或日本所称“成员国”）的“领导人”获邀请至东京，参加第一次也是唯一的一次“大东亚会议”。在会上，“代表”们被邀讨论，为实现全体成员的互利，“共荣圈”怎样组织最好。自明治时期起就在日本公众舆论中膨胀的大亚细亚主义，化身成了日本帝国的花言巧语。而实际上，东京感到越来越难维系它扩张不止的帝国，并且（为时已晚地）意识到需要培养殖民地的亲善。它还（同样是为时已晚地）意识到亚洲其他国家的人民中也有人受够了西方帝国主义，他们可能自愿参加一场真正试图将西方人赶出亚洲的运动：将亚洲还给亚洲人民。然而到了这个时候，日本帝国假装成任何意义上的反帝国主义，都显得极其荒谬、令人反感。

在日本国内，人们热烈讨论“共荣圈”这样的华丽词藻。近卫在1933年建立了一个叫做昭和研究会（shôwa kenkyûkai）的“智囊团”，负责替东亚新秩序编制计划。研究会成员包括京都学派[2]哲学家三木清，他在1939年发表了《新日本的思想原理》，描绘了穿越现代性、挑战西方帝国主义的日本和东亚，并为这幅远景建

① 今印度尼西亚。

② 1920至1930年代在京都大学形成，以西田几多郎等唯心主义哲学家为核心。

立了指标。文部省试图通过这些问题实现“国体明征”，于是在1937年出版了臭名昭著的《国体之本义》[①]。1941至1942年间，包括西谷启治、高坂正显、铃木成高、高山岩男在内的京都学派其他四名主要成员，举行了一系列公开座谈会，主题涉及“世界史的立场与日本”、“东亚共荣圈的伦理性与历史性”，最终指向“总体战的哲学”。1942年7月，举行了著名的“超克现代性”座谈会，其他思想流派的知识分子也参与了讨论。甚至连现代日本哲学之父西田几多郎也撰写了题为“世界新秩序之原理”的短文（显然是供东条本人阅读的），参与争论。

争论中提出了严肃的重大问题：日本如何才能超克与西方化等义的现代性中存有的文化霸权，如何以某种方式穿越这种“拿来”的现代性，实现自身真正的现代性？日本如何才能（如何应该）帮助亚洲其他国家做同样的事？最后，日本如何才能建立一种地区秩序，既含括亚洲其他国家，又不推行帝国主义？与会者对于这些问题的不同回答至今仍处于争议之中。战后时期，在一个越来越美国化的世界中，日本想要保留其认同，这种状况下，关于如何/是否超克现代性的讨论重又浮现出来。

事实上，组织“大东亚会议”之时，日本已在输掉战争。1942年6月，日本在中途岛海战中被击败，失去了至关重要的航空母舰，大势发生逆转。至1944年7月，美军夺取了塞班岛，盟军轰炸机终于能够轰炸到日本，日本基本上就输掉了战争。东条当月辞职，1945年2月，近卫公爵向天皇请愿要求投降，以减轻他的人民遭受的可怕痛苦：“总体战”的条件已致使许多日本人处于极度

---

① 一本通俗教科书，是1935年所谓“国体明征运动”（攻击美浓部达吉的天皇机关说，宣布统治权的主体在天皇）的延续，为总体战体制服务，全面吹捧天皇制度。

贫穷乃至饥馑之中；空袭和火焰弹令主要城市几乎无法居住。是裕仁本人拒绝了这个请求，还是那些仍然相信有可能通过一场关键战役取得胜利的高级军官替裕仁作出了决定？就此尚无明晰结论。总之，日本人继续作战，并且越来越狂暴和绝望：被称为神风（kamikaze）的海军自杀式攻击队（官方名称是“神风特别攻击队”）撞击盟军舰船；在可怕的冲绳之战中，数千日本平民以树枝、岩石乃至赤手空拳同美国军队战斗，在走投无路后撤入山间，而后自杀以免被俘。[①]冲绳最终陷落时，已有25万日本人死亡，其中包括15万平民。

正是在这种狂热主义的背景下，历史学家们试图评判向广岛和长崎投下原子弹的必要性。事实上，日本军民的狂热献身促使美国政府委任了一位人类学家，让其尝试解释日本人如此忠诚的原因，以及因此可能需要付出何种代价才能取得对日最终胜利。这项委托的成果就是鲁思·本尼迪克特那部著名的专题论文《菊与刀》（1946年出版了单行本），该书标志着现代日本研究的肇始，体现出这一领域的研究同美国政府之间的独特关系。

1945年7月26日发布《波茨坦公告》以日本的“迅速完全毁灭”相威胁后，同年8月6日美国向广岛投下原子弹，苏联在8月8日攻入日本的北方领土，美国又在8月9日向长崎投下了原子弹。日本陷入绝境。然而即便在那时，日军参谋长和陆军大臣仍然拒绝投降，除非盟军能保证天皇安然无恙。美国仅回复说，他们将把日本的未来留给日本人民自己，而这并未能让日本的高层放

① 日本著名文学家、诺贝尔文学奖得主大江健三郎在其著作《冲绳笔记》中记述，在二战冲绳战役中，是日军指挥官强迫居民集体自杀。家永三郎在其《太平洋战争》一书中也有这样的表述。

心，因为高层总是对民众充满疑虑。最终在8月14日，裕仁天皇本人介入，以打破讨论[①]上的僵局；他投降了，次日他向垮掉的国家发表了广播讲话。9月2日，在停泊于东京湾的美国军舰“密苏里号”甲板上，举行了投降签字仪式。

由于两颗原子弹造成了可怕的伤害和痛苦，对两座日本城市使用原子弹，尤其是第二颗原子弹的使用，至今仍然是争议的焦点。一个突出的问题便是原子弹的使用是否必要，换言之，日本是否已经输掉了战争。当时的日本没有资源、没有盟友，海军已被摧毁，城市在面对空袭时很脆弱，美国、英国、苏联和兴起的中国聚力抗击它。原子弹的使用是否本可避免？对此存在各种解释，例如，原子弹的使用是一场科学实验的组成部分，美国想要看看它在人口稠密的城市区域会产生何种效果；另一种看法是说，原子弹轰炸主要是为威吓苏联，美国是着眼于战后解决方案和冷战。然而，当美国陆军部长亨利·史汀生被问及投下原子弹的决定时，他的回答很简单：“较强的参战者在对手显现衰弱迹象时缓和攻势，很少是明智的。”

在其面向日本人民的著名广播讲话中，天皇裕仁提及，原子弹轰炸是他决定投降的原因之一。他强调日本民族（以及东亚人民）在道德和精神上的强大，但直率地表示，先进的现代科技改变了战争的平衡：日本终究被现代性超克了。裕仁的话是在警告，使用这种科技，可能会给文明本身带来终结的危险。他的讲话的含义引起了争论，但讲话的基调是暗示日本人不应该让物质科技的力量毁灭他们的精神或根除他们的“日本人特质”；如果任由现代

---

① 此处的“讨论”（council）应是指《波茨坦公告》发布后日本召开的“最高战争指导会议”、内阁会议和御前会议。由于与会者意见发生对立，其间首相两次请求天皇裁决。

图8　广岛上空的蘑菇云升腾至超过两万英尺的高空

科技统治一切，那么把我们塑造为人的精神又将何去何从？战后日本即使面临现代科技的饱和，也应当留存其精神财富。

第四章

经济奇迹和后现代社会的形成

新的开始：美国占领

1945年8月15日，天皇裕仁初次对日本人民发表广播演说，呼吁人们“忍其所难忍，堪其所难堪”[①]。不可战胜的神圣日本帝国已被打败，尽管付出了牺牲和劳苦、忍受了苦难，日本最终还是失败了。以令人惊讶的高音，使用许多日本人并不能懂的古老日语，天皇为“世界大势亦不利于我”的事实而道歉。他向日本人，也向日本在东亚的盟友（依旧执著于“共荣圈”的华丽词藻）表达他的遗憾。裕仁接着呼吁日本**忍受**那些必将到来的变化，以保日本“不致落后于世界之进化”，仿佛即将发生的改革只是确保“国体之精华”存续的手段——裕仁话音上的这一有趣转折在此后的数十年间引来史家和论者众议纷纷。明治时期的维新者们曾呼吁“和魂洋才”（日本精神和西方科技），这是一种既欲实现日本现代化，又欲保留日本精华的策略；裕仁似乎是在以大体相同的方式，提议将上述策略同样运用至战后时期。

对于战败的消息，人们的反应各不相同。一方面自然是存在

---

① 诏书译文据《日本帝国主义对外侵略史料选编：1931—1945》，复旦大学历史系编译，上海人民出版社1983年第二版，第551—552页。

不理解和绝望：本土人民经历了那么多，又被灌输了那么多帝国军队的荣光，可永恒的帝国如何竟会败给颓废且道德失范的西方？对一些人而言，绝望不知不觉化为了耻感，大约有350名军官因自感护土不力而自杀。另一方面，又存在某种害怕和恐惧，因为人们被告知，美国人是怪物，会劫掠土地、强奸妇女。那些位高权重之人恐惧尤甚，各种记录和可致人罪的文书被付之一炬，火光照亮了8月15日的夜晚。但在许多日本人看来，敌对状态的终结和美军抵达的景象带来了某种安慰乃至希望：这场战争是可怕的磨难，也许变革的时候到了。

占领的现实设法满足了每个人的期望。日本人在某种程度上感到羞耻，事实上，日本政府所做的第一件事是开设“慰安所”（也就是妓院）来服务美国兵。美国占领者很快便开始乐享这一慷慨的供给，尽管1946年1月他们最终禁止了这类国家赞助的“慰安所”，因为此类机构侵犯妇女人权（卖淫则仍然合法）。存在着一定程度的饥馑和苦难，因为日本人业已耗完食物和补给，本土经济颓然崩溃，仿佛张力刚刚被释放一样。营养充足的美国人成了残酷的参照，一些主要城市的中心区域弥漫着沮丧所致的阴郁氛围。然而与此同时，占领也给企业家带来了机会——得享机会的除了皮条客和娼妓，还有翻译人员和各行业的商人。最后，很快便可看出，驻日盟军总司令、美国将军道格拉斯·麦克阿瑟对于日本的重建确有宏伟规划，每个人都能获得新机会。

尽管对日占领理论上应是多边事务、应受远东委员会（成员包括澳大利亚、英国、加拿大、中国、法国、印度、菲律宾和荷兰）的监管，实际上却从一开始就是美国的独角戏。苏联曾要求参与盟军对日管制委员会，但委员会在1946年2月才召开第一次会议，而那时麦克阿瑟已经在日本作出了实质性的改革。美国政府非常强硬，要在战后国际秩序中将新日本控制在美国的影响范围之内。

尽管麦克阿瑟享有操控方面的巨大自由，他还是选择了扮演间接角色的策略，以令他的影响力最大化。尤其当他意识到政府机关的象征价值时，他马上决定，天皇应得到保护和保留。事实上，他的思虑与日本历史上那些老生常谈如出一辙，担心废黜天皇可能导致日本民众变得难以管理。此外，纯因实际和语言上的原因，麦克阿瑟不得不依靠日本口译和笔译译员来完成工作。因此，这位盟军总司令雇用了一批双语政治技术人员，负责他的盟军总司令部和同样获得保留的日本政府之间的沟通工作。结果，日本当局感受到了自身的存续和对决策过程的参与（在某种程度上也是事实），这有助于麦克阿瑟促成他的改革，但也导致一部分战时和战前的日本官僚机构得以苟存。

麦克阿瑟的改革计划雄心勃勃。他认为战时日本饱受过度中央集权、军国主义及法西斯主义之苦，因此在制订计划时，遵循两个相互联系的“日本问题解决办法”，即非军事化和民主化。

最简单的办法最先实施：麦克阿瑟立即解散日本国内外的所有军队，这意味着有700万人被遣返回日本。他撤废“特别高等警察”（所谓的“思想警察”）——这些警察曾在战时监视政治犯和持异见的知识分子，而后启动了属于他自己的对政治威胁的整肃（从政府、官僚机构和商界赶走了20万人）。虽然麦克阿瑟不把天皇其人视为问题，但为了打消对天皇的狂热崇拜，总司令实行政教分离、废除了国家神道教，并强制天皇公开否认其神格。

图9　裕仁和麦克阿瑟，1945年

非军事化运动的大幕以远东国际军事法庭（又称东京审判）的形式拉开，法庭自1946年5月至1948年11月开设。东京审判本欲在地位上等同于在德进行的纽伦堡审判，却存在巨大争议，常有人说审判只体现“胜者的正义”；的确，东京审判中处死的战犯远较纽伦堡为多，一些高级军官获死刑，更多地是因为“阴谋策动战争”这一前所未见的罪行，而非战争罪行本身。最引人注目的案例就是东条英机，他因战争罪行和阴谋策动战争获罪，并被处以绞刑。然而，这些审判中最突出的问题恐怕是麦克阿瑟将天皇列在受审范围之外。在战后许多日本知识分子——例如政治理论家丸山真男——看来，对于麦克阿瑟的第二大雄心即日本的民主化而言，未令天皇直面责任是有害的，因为这开了危险的先例，破坏了政治主体的观念，而这一观念正是民主意识的根本。

麦克阿瑟认识到，军国主义和垄断经济之间显然存在关联，因此，作为民主化的第一步，他推出了打破经济垄断的措施。他实行了一系列农地改革，强制地主售卖所有土地资产，仅准许他们保留一块地。这使劳动者获得自己耕种过的土地的所有权。不过，经济民主化的样板要数瓦解财阀集团企业的计划，麦克阿瑟认为财阀同日本帝国主义有关。

总司令相信，这些财阀企业精心导演了日本殖民地的战争经济。然而最终，瓦解财阀的工作并未彻底完成。许多家族把持的企业被解散，银行取而代之，但原有的企业网络很快又围绕银行建立起来。其结果是产生了同财阀有相似之处的企业，这种企业后被称为系列（keiretsu）[①]。日本商业中最著名的名字——三菱、三井、富士、住友、日产——都存续到了战后。

在推进民主的社会和政治措施方面，总司令立即公告称，将会保护日本公民的自然权利和自由。在日本历史上，妇女和少

① 大型集团公司，集团各公司间形成紧密的联系、相互持股，并优先与集团内的公司开展业务，导致资金、技术等高度集中。

图10　控诉战争罪行的东京审判

数群体的平等权利首次得到承认。公告赋予工人组织工会和罢工的权利。为了促进思想自由，总司令引入了教育改革（尤其是撤掉了"伦理"课，在战时，课上讲授的是《国体之本义》），延长义务教育年限（至九年），驱逐了政治倾向有问题的教授。此外，虽然总司令自己也实行审查制度，但他宣称（日本人的）审查制度为非法，同时还宣告大赦政治犯，这事实上意味着释放亲共人士。

在政治领域，总司令鼓励新政党的发展，尽管这实际上促成了战时政党的改头换面。连续性再次藏身改革之中。立宪政友会化身自由党（今日自由民主党的前身），而立宪民政党则变身为进步党。经过一系列密谋（其中还有美国中央情报局的暗中支持），1946年，吉田茂作为自由党总裁，成为战后第一任首相。事实上，亲美的吉田在此后的八年间断断续续地当着首相。

不过，民主化运动的最大成就要数1946年11月颁布（1947年5月生效）的全新宪法。麦克阿瑟原本认为，日本人应该在宪法的起草上起主要作用，这很重要。1945年10月，总司令任命法学家松本烝治组建委员会，在当年12月之前（也就是在有苏联参加的远东委员会召开第一次会议之前）重新起草宪法。所谓的松本委员会为新日本提出了一系列建议，包括增加日本人民的权利（和义务）。然而，松本的报告书建议让天皇保留主权（固然也建议应劝说天皇不要经常运用权力），认为经选举产生的官员和大臣应向天皇提供参考意见。麦克阿瑟感到松本的报告书完全不可接受，便立即任命了盟军总司令部民政局局长、美国人科特尼·惠特尼来起草更合适的方案。日本政府以为后来呈给他们的文书就是定稿——部分是由于对文书性质的这一误解，惠特尼的草案最终几乎未经日本人修改，就在1947年获得通过、成为法律。

1947年的《日本国宪法》名义上由天皇作为明治宪法的修正案颁布，这部宪法将天皇转化为“日本国民统一的象征”，并把主权交到国民手中。它以美国《权利法案》的模式承认人权，并建立了遵循威斯敏斯特模式的两院制议会。宪法引发争议的第九条还禁止日本发展陆军、海军或任何其他形式的“战争力量”。60多年后的今天，1947年宪法一枝独秀，在世界上生效后未经修订的宪法中，它的寿命最长。

然而，接近1947年底时，占领军的政策发生了突兀的变化。欧洲落下铁幕[①]，国际环境随之改变，中国国内的民族主义势力开始失势。在华盛顿看来，苏联在意识形态和领土方面的野心昭然若揭，这令麦克阿瑟对日本国内逐渐活跃的劳工运动和政治左派的成长心怀戒备。总司令自己曾在战后大赦中释放了许多起领导作用的共产主义者，并已在1945年宣布日本共产党为合法。在1946年举行的战后第一次选举中，新成立的日本社会党收获92个议席（占总投票数的18%），至1947年，则飙升至143个议席（占28%）。这样，到了1947年底，总司令开始意识到，战后日本的危险因素已不再是法西斯主义的复活，反倒是共产主义的崛起；他在目标上作出巨大逆转，以迎接这一新的挑战。

1947年初，目标转变的早期征兆已经显现，这种转变后被称为"逆流"。当时有一个工会联盟（共有超过200万名工人）想要运用他们的新权利组织一场总罢工。罢工原定于2月1日进行，但总司令在最后一刻介入，于1月31日晚禁止了这场罢工。在许多评论人士看来，这一步严重挫伤了日本初生的劳工运动，此后工会成员人数锐减（一度有超过50%的工人加入工会，到了1960年代，仅有不超过25%的工人加入）。工会成员人数至今仍处低位，大多数组织如今只是小规模的"企业工会"。

很快，麦克阿瑟的计划就从非军事化和民主化转向了再军事化和经济稳定化。此时，美国希望在全球与共产主义的对抗中，日本能成为其在太平洋地区的盟友。于是总司令主导了一场"整肃赤色分子"的运动，从政治和商业岗位上开除了13 000人，口实是整肃对象"阻挠占领目标的实现"，而此前整肃政治

① 英国前首相丘吉尔在1946年发表"铁幕"演说，一般认为冷战的序幕由此拉开。

右翼时也是以此为理由。逆流整肃有时一如字面所示，导致了原有战时职位任命的复辟。与此同时，麦克阿瑟放弃了对抗财阀的运动，因为这一运动耗时远超预期，并且严重损害经济。最后，总司令在1950年推动日本政府建立自己的准军事性国家警察预备队，这支队伍最终将为更具实质性的军事力量奠定基础——1952年，队伍变身国家保安队，而后自卫队在1954年成立，日本陆海空军至今仍沿用其名称。对于这些军事力量是否违背1947年《日本国宪法》第九条（军事力量的存续是否与宪法相抵触），至今仍存有激烈争议。

占领军面临的最后一个问题是日本经济的整体健康。1945年至1949年之间，通货膨胀如脱缰野马，严重损害经济和政治的稳定，华盛顿因此担忧，日本人民会由此投向共产主义的怀抱。资本主义阵营首先应当以繁荣来抵挡共产主义——“渐增的富裕”将会抑制共产主义在亚洲的传播。美国政府的解决方案是召来底特律银行家、汽车高管约瑟夫·道奇，令其重整经济，试图让日本恢复生机。所谓的“道奇路线”基本上是一种紧缩政策，该路线大幅削减公共支出（废止国家补助和国债，裁减超过10万名公职人员），放松对外汇的监管，并将日元对美元的汇率固定在极好的比率（360:1）以促进出口。在这一汇率下，日元币值被日益低估，固定汇率一直保持到1970年代。

虽然道奇路线成功控制了通胀，但有种种迹象表明，它将彻底弄垮日本。而后，吉田首相在1950年收获“天赐良机”——朝鲜战争。20亿美元的军需采购成了“天降的甘霖”（在其后的三年中占据日本出口额的60%），出口增至原先的三倍，产量提升超过70%，日本的国民生产总值每年以12%的速率增长。

是朝鲜战争带来的战时景气——而非道奇路线——为日本在

其后20年间显著的（甚至是奇迹般的）经济增长打下了基础。在战争初期，日本的国民生产总值仅为110亿美元。至1950年代中期，该数字已增长250%。至1970年代初，日本的国民生产总值超过了3000亿，从而成为世界第三大经济体（仅次于美国和苏联）。

图11　前首相吉田茂

事实上，日本突如其来而又意义深远的经济增长，加上1947年颁布的《日本国宪法》和其军事力量的发端，意味着占领已近尾声，而这远比人们预料的快。1951年9月，48个国家的代表在美国旧金山同日本签订了正式和约[①]；1952年4月，持续仅七年的占领宣告结束。为加速这一进程，美国与它在亚太地区的其他关键盟友分别签订了防卫协议，并约定这些日本的亚洲近邻日后仍可与日本另行协商赔偿协议。在美国政府看来，重要的是尽早结束开销巨大的占领，并使日本在亚洲正处白热状态的冷战中成为美国的关键盟友。为此，仅在数个小时之后，日本就同美国签订了《日美安保条约》，这一条约至今仍将美国同日本的防卫绑定在一起。

由于种种原因，《旧金山和约》引发了争议。包括英国在内的许多国家抱怨和约对日本不够严厉，认为至少应当为日本帝国主义的受害者们设定赔偿。在苏联和其欧洲伙伴看来，占领结束后仍在日本保留美国驻军的条款尤其令人不快，这些国家拒绝签署和约。最后，中国甚至未曾获邀与会。日本国内对于和约条款也是五味杂陈。一方面，日本人为主权的恢复而感到喜悦和放松，但主权似乎并不完整，因为美国将会在日本保留军事基地，还会在一段时期内（实际持续至1972年）保持对冲绳岛的控制。此外，《日美安保条约》好似一柄双刃剑，它虽然向军事上较为脆弱的日本提供了一定程度的保护，但同时也令日本卷入美国的外交政策，可能将日本拖入美国面临的其他矛盾冲突。在其后的数十年中，这一和约的复杂性将会如阴魂般缠住日本的外交政策。

① 即《旧金山和约》。中国政府在1951年9月18日发表声明，拒绝承认这一对日条约。

经济繁荣

日本社会在战后初期经历了惊人的变革，恐怕唯有明治早期之变才能在规模上与之相提并论。事实上，认同问题是个现实且至关重要的问题，在日本于19世纪进入现代世界时如此，面对建立在二战废墟之上的新世界秩序时也是如此。许多主题如出一辙：日本处在赤贫之中，曾经受西方列强摆布，而今则受美国这一超级大国掌控；传统遭到破坏，被动接受一种允诺巨大财富和力量的新生活方式。这些并行之处对每个人都有影响。在一些人看来，战时政权终结了，和平、民主的宪法诞生了，这意味着与过去诀别、塑造新日本的契机。大多数人则在努力适应已经发生的、已经失去的和或将得到的，延续过去和变革现状的急务构成了复杂的网络。选择未来的权利似乎掌握在民众手中，这在日本属于史无前例。1950年代和1960年代出现了经济奇迹，但这数十年却在文化和政治方面动荡不安。

人民中的大多数迈出了很实际的一步——不考虑结果，投身工业、重建他们的国家。在1950年代早期，日本政府试图以第一次“产业合理化”浪潮来启动建设进程，瞄准钢、铁及煤矿开采这样的核心工业。获得近7500亿日元投入的金属行业急剧发展。一度遭到破坏的钢铁工业也受益于惊人的增长，至1959年，战后日本这一行业的盈利水平已位列世界第二（仅次于美国）；这种增长既是得益于在朝美军的巨大需求，也是得益于不断从欧美涌入的新技术。由于日本不必为研发投资（现成的技术可以从外面买来），故而增长很快。

金属行业的增长带动了其他产业，例如造船和（其后的）汽车工业。日本在造船方面已有经验（日本造船业规模在1935年位列世界第三），但它的资源在战争中被毁。同样，日本能够迅速构建新的造船能力，部分是因为迎合朝鲜战争带来的需求，部分是因为新技术的涌入。至1960年，日本已拥有世界上最大规模的造船业。至1975年，全世界将近50%的新船都是日本制造。

许多日本汽车制造巨头都在朝鲜战争带来的繁荣中起家：日产、丰田和五十铃都为美军造车，美国提供设计，但制造是在日本。这不仅为汽车工业带来了惊人的增长，而且向日本制造商提供了免费的技术转让——1960年代高增长的关键正在于此。1960年代初期之前，日本国内并未真正形成对汽车的需求，因为人均收入仍然处于低位：1956年，日本仅仅为国内消费生产了10万辆汽车；至1963年，这一数字达到100万；到了1960年代后期，则是接近400万。至1967年，日本已成世界第二大汽车制造国。

从经济繁荣中获益的不仅是重工业，不断增加的国民财富在其他领域还触发了连锁反应——作为消费社会的日本由此诞生。日立、松下等厂商开始制造洗衣机、电视机和冰箱，1950年代后期，这些产品的产量至少各自增长了8倍。1956年只有1%的家庭拥有电视机，至1960年，拥有率已超过50%。

说到区别，同样是快速增长，1960年代的增长要更快一些。池田勇人首相著名的“收入倍增计划”于1960年开始运作，这一计划希望在10年间令日本的国民财富翻番。这一空前的、野心勃勃的计划事实上低估了日本经济的膨胀速度——1971年的国民生产总值是1960年的三倍，这意味着12.1%的年均增长率。至1960年代末期，日本消除了之前一直间歇性拖累增长的国际收支逆差。

然而，那些喜欢谈论“经济奇迹”的人应该记得，在1950年至1970年间，所有工业经济体都经历了快速的增长。日本的增长本身并不特殊，只是速率（年均超过10%）确实出挑。大多数评论人士将这一“奇迹”归功于一些极其寻常的因素：道奇路线将日元对美元汇率固定在360∶1，并且被人为限制在同一水平的汇率持续至1971年，因此日元被日益低估，这就刺激了出口；像其他西方国家一样，日本受益于建立在布雷顿森林体系①和关贸总协定基础上的自由贸易新制度；与其他西方国家不同的是，日本不必将大量预算花在军费上，因为它始终受《日美安保条约》的保护；作为发达经济体中的后来者，在自由贸易制度中，日本可以购入新技术，而不必花费时间和金钱去开发技术；人口快速增长，与此同时，教育体制惊人扩展。也许日本的增长中最受热议的“独特”因素要数官僚制度和经济管理的作用。有充分的理由认为，通过发出正式的和非正式的行政指导（gyôsei shidô），通商产业省和其他部门（尤其是财务省）在日本的快速增长中起到了主导作用。不过，一个简单的因素不应被忽略，那就是日本人民自身的艰苦劳作、勤勉和创业精神。“日本人工作过于努力”这样的玩笑话在现实中有着坚实的基础：日本工薪阶层的平均工作时间如此之长，以至于若把总时数相加，则他们每年要比欧洲同一阶层的人群多工作整整12周。对于雇员的奉献，日本的大公司报以“终身雇佣制”。

如此快速的增长给日本人民带来了诸多好处：新的中产阶级迅速形成，他们抱着共同的价值观和愿景，居所越来越趋向市郊，借助遍布的道路和广大的铁路网上下班。标志性的新干线（子弹头列车）早在1964年就已投入使用，它以空前的便利和速度连接起东京和大阪这两个重要商业城市。同样是在1964年，

① 二战后建立的以美元为中心的国际货币体系，1973年瓦解。

东京还自豪地举办了奥林匹克运动会——这意味着日本不仅已经重回国际社会，而且还是富足的、值得尊敬的一员。1950年代，消费者津津乐道家庭生活的“三件宝”（电视、冰箱和洗衣机）；至1960年代，出现了新“三件宝”（空调、汽车和彩色电视机）。

1960年代之前，在扩大后的教育体制中就学前所未有地成为了精英的象征。靠社会地位或金钱手段进入一流公立大学（前“帝国”大学）的时代已一去不返；最好的大学的入学名额分配几乎完全与日本全国人口分布相匹配，这在日本历史上（或许在世界历史上）可算史无前例，充分证明全国各地的中小学分布广泛、入学容易、教学质量均一。这一成就的副作用则是，需通过令人难以想象的激烈竞争，才能进入最好的大学；围绕东京大学入学名额的竞争尤为（且至今仍然）惨烈。备考大学的学生每天学习的小时数甚至比他们那勤勉努力的“工薪阶层”父亲工作的时数更多，许多（经济上有条件的）学生则到特殊的义塾（补习班）上课，以尽可能地增加自己考入心仪学校的机会。

尽管考入大学一事具有精英性质（或许正因如此），进入合适的大学对学生的职业前途而言仍然极其重要。东京大学法律系的毕业生被认为是其同辈中最为出类拔萃的少数，她们将有机会选择政府或大企业的顶级职位。这种“考试地狱”令日本中学中的自杀率在世界范围内处于高位，那些家庭收入较高的学生则从昂贵的义塾体系那里重新获得了优势。

教育领域的巨大成绩伴随着严重的社会问题，快速的经济发展同样在其他方面展露远为黑暗的一面。尽管女性在法律上已同男性平等，她们在社会中仍然从事有别于男性的工作。战时，女性曾为了菲薄的报酬在纺织工厂里劳作；战后，她们又成

图12　新干线子弹头列车

了电子产品工厂的主要劳动力。那些在办公室上班的女性常从事助理工作，并且一旦结婚雇主就希望她们辞职，直到1966年高等裁判所作出"结婚辞职制"违宪的裁决。性别政治进程缓慢。少数族裔（尤其是战后居住在日本的54万韩国人）和社会少数群体（尤其是部落民）继续遭受社会歧视，这成了"跨战争"[①]的现象。尽管法律保护这些群体，但社会的一些部分依旧"下有对策"。

① 一译"贯战史"。一些学者质疑以二战结束、美军占领为日本战后历史起点的观念，认为战时各种政策对战后日本仍有影响，在此基础上，有学者提出"跨战争"的历史断代，指称1920年代至1950年代这一跨越战争的时代。参见《日本的起起落落：从德川幕府到现代》，安德鲁·戈登著，李朝津译，广西师范大学出版社2008年版。

经济成就的代价还包括严重的环境危害和污染。由于扩张的城市占据了海岸附近稀少的平地（日本有约80%的土地因多山而难以开发），森林被挤入了山间。重工业的发展带来了总量巨大、缺乏监管的化学废渣，污染了河流和土地。早在1950年代，人们就在控诉汞中毒和镉中毒，前者后来以发病地区命名，被称为水俣病，后者则因症状得名骨痛病（itai-itai-byô,日文意为“痛痛病”）。然而直到1970年代早期，原告经历的痛苦始得承认和赔偿，恰当的环境法规始得施行。此后，由于经济趋于稳定、挺过了1970年代的石油危机，日本逐渐成为世界上主导环境保护的国家之一。

太阳族

伴随着日本社会物质条件的迅速变化，人与文化也发生了变化。1950年代早期，在漫长战争年代出生的那一代人成长为青年。他们深受美国占领经历的影响，美国文化如传染病一般在他们中间迅速蔓延。不仅如此，一些对于日本传统的美国式轻蔑似乎也转移到了他们身上。全世界的青年文化都是叛逆的，1950年代的日本青年比其他大多数青年拥有更多反叛的理由。

日本帝国海军偷袭珍珠港事件才过去14年，一场被称为太阳族（taiyô-zoku）的青年运动已在日本兴起。运动的英雄是24岁的名人、花花公子石原慎太郎，他1955年创作的小说《太阳的季节》为同辈青年定下了基调。小说讲述了一对兄弟共有一名女友的故事，取得了极大成功——收获了颇有声望的芥川奖，同时还成了一种流行现象。仅仅一年之后，小说被改编成了同名电影。其他小说和电影纷纷迅速跟进，都表现同一类主题：太阳族追求反成规的（有时不过是无意义的）暴力，在道德上玩世不恭，推崇单纯的残暴、愤世嫉俗和放纵。石原本人成了偶像，似乎活在他的小说和电影描绘的生活之中。与伦敦的“泰迪男孩运动”①一样，太阳族形成了一种服饰风格：城市男性留着“慎太郎”发型，穿夏威夷式的运动衫、宽松的拜伦式衬衫、飞行服和山羊皮鞋；女性则留染成红色的披头士式发型，穿斗牛士裤。石原后来在1999年当选东京都知事，至今仍是争议人物。

太阳族运动反映了日本社会中更宏观的潮流。在流行文化摆向右翼时，它以（文化和身体）暴力的形式出现，是一种张力的释放。1950年代是日本电影的黄金时代，随着占领及审查法令的终结，许多电影开始以显而易见的反美态度重新审视战争中的事件。其中较早出现的作品有1953年的《姬百合之塔》，描绘冲绳的年轻女孩为避免成为美军俘虏而自杀。小林正树导演的《厚墙壁的房间》也于同年②问世，该片让人想到美军在战争中的品行正如日军一样恶劣，还暗指许多军官在东京审判中受到的惩罚不公正。仅仅在一年之后，著名的怪兽大片《哥斯拉》上映，讲述原子弹爆炸如何可能导致不可预计的后果，把巨大的怪兽带到世上。1950年代有数十部电影问世，这些影片描述战时日本士兵的表现，描述日本黑帮如何保有日本传统的“荣誉感”和“勇武”精神，描绘武士，描绘怪兽。

政界中人并非没有察觉到这一公众舆论的转向。后来成为首相的岸信介在1950年代中期提出了民族主义的逆流（gyaku kôsu），这个词是刻意讽刺麦克阿瑟那著名的“逆流”。事实上，岸作为二战甲级战犯，一直被关押到1948年，但美国中央情报局

① 1950年代出现在英国的亚文化团体，在服装上表现为前卫的搭配，风格叛逆。“泰迪男孩”一词今日可指不良少年。

② 疑应为1956年。

在1955年同他接触，要他协助将日本政界的保守阵营统合为强大的、单一的政党，以确保发展中的社会主义运动不能成功。其结果便是自由民主党于1955年11月成立，永久性地改变了日本的政治版图，开始了所谓的“55年体制”；自民党在其后的38年间都连续执政。该党与前财阀及长久存在的官僚层保持密切接触，形成了所谓的“铁三角”，按独特的跨战争模式运作。1957年，岸信介成了首相，此时距离美军结束占领（和禁止岸担任公职的法律禁令到期）才五年。

岸在意识形态方面的立场十分清晰。他呼吁修订1947年宪法（认为是占领军将这部宪法强加在不情不愿的日本身上），以允许日本重新武装并宣布天皇为国家元首。岸提倡，即便没有可能修改宪法，也要对宪法条文进行灵活的解释——他建议恢复使用太阳旗、不再禁止战前国歌《君之代》，认为神道教和传统日本伦理应当在日本人的生活中占据更为中心的位置，还认为日本应当扮演更为独立的国际角色（同时保持与美国的特殊关系）。

岸未能令上述所有举措在国会获得通过，他的许多政策（例如1958年的《警察官职务执行法》修正案）受到媒体、学生乃至自民党内的猛烈抨击。日本共产党抵制对修正案的讨论、试图在国会议院会场门前设路障，而自民党中的自由派（由前首相吉田茂及后来成为首相的池田勇人和佐藤荣作领导，池田和佐藤在1960年至1972年间先后作为首相施政）则威胁退党。

然而，对于《警察官职务执行法》的狂怒还只是战后日本历史上最大政治危机的前奏，这场危机被称为“1960年安保斗争”。《日美安保条约》适逢续订，岸企图修改条款，导致危机爆发。早在1958年，岸就开始试图让公众相信：日本需要美国来提供安全保障，但是日本应该在条约的条款中寻求更平等的地位，这也就意味着日本要在自身军事防卫上承担更多责任。然而，很大一部分公众不认同上述两项主张，认为这两项主张都违反和平宪法——一个反对联盟成立了国民会议（Ampo jôkai）（日本阻止修改宪法国民会议）。尽管如此，岸还是一意孤行，于1960年1月飞赴华盛顿以签署修订后的条约。同年2月，条约被提交众议院，但门外有众多不同团体发起的抗议集会，反对党则拖延和阻扰条约通过，这些因素令讨论无法进行。5月19日是议会会期的最后一天，反对党为了阻止对条约的讨论，绑架并关押了众议院议长，但岸召来警察放出了议长。他进而将反对派赶出会场，在仅有一部分自民党议员在场的情况下，自行批准了条约，时为19日午夜。

其后的一个月中，街头每天都有抗议活动。6月4日，550万人罢工以示反对条约。6月10日，白宫新闻发言人访问日本，为艾森豪威尔总统计划中九天后的访日作准备。发言人乘坐的车受到示威者的袭击，不得不转乘直升机脱险；据传岸召集黑帮成员去控制学生。6月15日，条约递到参议院，此时发生了一场总罢工，10万名示威者在议院外与警察和黑帮成员作斗争。6月17日，主要报纸发表联合社论；文章警告说，不仅和平主义处在危急关头，民主本身也有倾覆之虞。社论呼应了一些富有影响力的公共知识分子持有的见解，例如在清水几太郎[①]看来，安保斗争意味着战后日本的民主之死。6月19日，条约在参议院自动获得通过，但艾森豪威尔取消了访日计划。在接下来的数周中，岸躲过了一次刺杀，但还是辞去了首相职位，更为平和、较少争议的池田勇人随后接任。

① 清水几太郎（1907—1988），日本现代思想家、社会学家。

认同危机

池田以“收入倍增计划”和被夏尔·戴高乐称为“晶体管销售员”而闻名，他无疑是战后日本历史上最为重要的首相之一。也许他最大的成就在于，以“忍耐与和解的政治”，将日本人民成功地团结到经济增长计划中去。在池田任内，日本军事角色的问题被边缘化，社会尽全力和平致富。

然而，人不能仅靠物质富裕过活，这一点在后来的1980年代逐渐凸显；经历了1950年代的戏剧性事件，经历了十年前的太阳族运动，日本的国家认同问题再次被提上了日程。此时，著名小说家川端康成的作品很好地反映了日本的情绪；天皇在1961年授予他文化勋章（Bunka Kunshô），1968年他还收获了诺贝尔文学奖（他是获此奖项的首位日本作家）。川端的作品通常很美，被看作一曲曲失落日本的挽歌。评论家一般认为《雪国》和《千只鹤》是他的杰作。它们包含传统审美，浪漫地重塑着日本——一种特有的传统美感在现代世界濒临消逝，或至少是受到了现代世界的玷污。事实上，川端似乎认为他自己是个引路人，传统日本文化可以经由他得到保存并传承给战后的几代人。此外，不分国界的读者都容易从川端的作品中获得愉悦，因为它以异国的、不具威胁的方式表现日本，这对西方读者很有吸引力。在1950和1960年代，他的许多小说被译成了英文，讽刺的是，他在日本国内的声名部分是缘于他的国际声名。这与1950年代石原作品的境况形成了鲜明至极的对比。

作家三岛由纪夫与川端处在同一个时代，是川端的朋友；他的情况体现了态势的转变——日本的认同转而依靠武勇和暴力。1950年代，三岛发表了一系列惊人且复杂的小说，例如《金

图13 小说家川端康成

阁寺》、《禁色》和《假面的告白》，这令他一举成名。

他选择大胆的主题，比如同性恋及性与暴力的关系。1950年代中后期，三岛逐渐开始对他自己的身体和武道感兴趣；他开始健身、练习剑道和拳击，并像电影明星一样展示自己。许多三岛的传记作者在事后回顾时怀疑，这就是某种受虐狂式自恋紊乱的肇始。

如川端一样，三岛同样认为他的生活和作品应以某种方式表现日本。然而，尽管这两位重要的小说家皆有细致的审美感觉，他们眼中的日本却大相径庭。对于三岛而言，安保斗争着实是个转折点。过去的十年问题重重、充斥暴力、险些损毁日本民主，这一现实致使许多读者转而阅读川端。三岛并不表现过去十年的终结，他更关注的是，岸将日本视作武勇之地，而日本社会在这种景象面前退缩了。安保斗争发生后，三岛紧接着发表了短篇小说《忧国》，表现了他眼中的爱国行为。随后的作品《剑》和《太阳与铁》则着力探讨暴力美学，他还宣称其生活的目标是抵达真正的日本武士精神——文武两道（bunburyôdô）（文武兼修）。几乎与此同时，小说《忧国》被改编成了电影，由三岛本人担任制片和主演。

他希望进入自卫队受训，遂向友人佐藤荣作首相请求获得特别准许；由于三岛声名显赫，佐藤便同意了。与此同时，主流文学界开始同三岛的见解保持距离。在一些访谈中，三岛称天皇在战后被迫否认其神格是一场悲剧，还主张战时国体代表真正的日本——美国人阉割了日本、毁灭了日本的精神。他声称，日本人在战后产生了价值观方面的困惑，这正是恢复传统日本理想——武士道——的大好时机。最终，他在1967年成立了楯之会（Tatenokai）这一秘密的准军事团体。佐藤首相甚至向三岛提供了一些资金，以支持团体的运作，而时任防卫厅长官、后来成为首相的中曾根康弘则在1970年授权楯之会自由使用自卫队的所有设施。

与此同时，反越战示威在日本各个城市此起彼伏，有些汇流成和平集会，也有些形成激进的学生运动。1969年春，许多大学的校园被封锁，因为学生抗议越战、安保条约修改和学费。东京大学校园内的抗议活动①伴随着暴力，很多教授被扣为人质、在讲堂里受到学生的质询，其中包括著名政治学者丸山真男。学潮令三岛兴奋，他探访了东京的那些学生，但对学生们的动机感到失望。

1970年11月25日，三岛和一批楯之会成员渗入东京某军事基地，将益田兼利将军扣作人质；三岛自己则站到阳台上，向着集合的军队发表演说。他告诉自卫队，自由和民主的言论已经毁了真正的日本，天皇受到了美国人的羞辱，而他们——军队掌握着日本的未来。作为政治家软弱无知的例子，三岛说前一年应当派遣自卫队（而不是防暴警察）去镇压东京大学的示威学生。

他那充满激情的演说未能引起军队的任何反应，因为军队几乎听不见他的话。然后他回到将军的办公室，并以传统的方式切腹自杀，显然是因为他不能在受到西方现代性严重损害的日本生活下去。

必须指出，三岛是一个极端的例子，他的行为和观点在日本所获的支持并不多。

事实上，人们的总体反应似乎是不理解。据说三岛的朋友和赞助人、首相佐藤荣作表示，他认为三岛精神错乱了。三岛至今仍是饱受争议的人物。不过，存在于川端（他也在数年后自杀）和三岛之间的文化空间，揭示了整个1960至1970年代日本认同危机的维度。在快速的经济发展和消费社会的创生过程中，两人都呼吁回归传统日本价值，但他们未能就价值的内容达成一致。

① 即东京大学安田讲堂事件，是1968至1969年东京大学和日本大学学潮的一部分。

泛着泡沫步入后现代

日本奇迹般的经济增长在世界各地激起了一系列反应。1973年和1978年的石油危机引起滞胀、衰退和失业，各国因此步履维艰，日本经济却在整个1980年代保持着年均5%的增长率——它综合各种手段，包括增加其所谓“二元经济”的弹性、产业结构调整（减少重工业比重）、能源多样化、创造性的离岸外包生产，借此扛过了1970年代。1980年代末，东京证券市场的市值占全世界市值的40%；日本地价高得离谱（有一个时期，东京比整个加拿大还贵）。一种极端将日本看作一个具有威胁性的全球化怪兽，认为它企图锻造一个巨大的战后帝国，只是把“共荣圈”的子弹换成了日元：“排日风潮”成了美国司空见惯的现象。另一种极端则把日本当成一个神秘的、令人振奋的经济发展模范；一系列民粹主义书籍问世，宣称会揭示日本工作伦理、儒家组织结构、武士道精神同商业成功之间的隐秘联系。“工薪阶层武士”的形象被生造出来，引得全世界众声喧哗。

与此同时，尽管日本人口中的绝大多数据称已成均一的中产阶级，拥有共通的生活目标、享有利用日本这一富裕国家的资源的平等权利，但日本社会在进入1980和1990年代之后，仍然对它在世界上的位置不甚确定。“日本人论”研究急速增长，日本人阅读了数百部试图从伦理、心理、社会学和宗教的角度阐释日本人民独特性的专著。新的一代人被称作“新人类”（shin jinrui）。他们为日本的富裕而感到自信和自豪，却对上一代人经历的艰辛一无所知，满足于财富。银行随随便便就放贷，有这样一个著名的例子：一名大阪妇女仅为小型连锁餐馆经营就从日本兴业银行获贷20亿美元，后来因为听从灵媒的财务意见，她的钱在股市里泡了汤。最终证实，她在餐馆的所有权契据上造了假。商界和政界的腐败似在增多，1985年是洛克希德事件[①]，1988年又是利库路特案[②]，在这些闹剧上演之后，人民不再信任他们的政治家。丑闻引起的反响后来致使自民党政权在1993年短暂失势，这在该党1955年建党之后尚属首次。

日本公民中的“新人类”并不满足于将自己的人生静静地、无私地贡献给日本的经济成长，这一代人抱怨长时间的工作、抱怨没有时间享受日本的富裕成果。过劳死（karôshi）成了常用词，为了防止因工作而过度劳累的人崩溃或自杀，甚至还设立了紧急热线。与此同时，上一代人抱怨“新人类”失去了所有的社会意识和纪律，正是社会意识和纪律塑造了上一代人的战后认同。

新人类不再接受“终身雇佣制”的安排、不再向一个公司奉献，其中的自由职业者逐渐增多，他们从一批雇主那里寻求可自主支配时间的工作，便于旅游、便于让工作适应其他生活需求。强调休闲、强调不依存于工作的认同形成方式，这体现在各种“小众”或亚文化的创生上——办公室女性和大学女生接纳了新形式的“现代女孩”概念，界定了一种以泛滥的消费主义为内容的亚文化，通过名牌手袋、欧洲鞋款和风尚发型来建立其认同。1990年代，这一潮流开始搭上援助交际（enjo kôsai）（有偿约会），即年轻女孩（一般还在上学的年龄）与年长的男性约会，男性向这些女孩报以最新的消费品。然而大体上，“现代女孩”

---

① 日本政府高级官员接受美国洛克希德飞机制造公司巨额贿赂事件。一般认为发生在1976年。

② 日本利库路特公司时任董事长江副浩正将未上市股票向多名政界要人转让的贿赂事件。

是一种休闲时间的认同——在工作场所或学校，同一个“现代女孩”会身着制服、表现完美。一些作家——例如吉本芭娜娜，她的名字在日语和英语中都是刻意搞笑——在其作品中捕捉到了这种亚文化及其道德实验。

“现代女孩”之外还有其他亚文化，例如代表性的“御宅族”（otaku）：通常是指着迷于某项主题——常常是电子游戏、动画、漫画这类“不合群”的活动——的年轻人。“御宅族”会收集大量某个主题的作品，还可能花上整个周末“cosplay”（真人扮演）他们喜爱的角色。

这些新消费主义亚文化的发展触发的反应被一些人称作“御宅族恐慌”。尽管有证据表明，“现代女孩”和“御宅族”仍然胜任工作、仍然比地球上几乎所有其他社会（除了韩国）的人工作更长时间，评论人士还是认为，这些“小众”显示了日本社会和文化的“空洞化”。老一辈害怕他们的国家出现道德和文化的崩溃。一股保守的潮流要求保存更传统的日本，强调人们应该走出蔓延的城市中心，走访仍未因战后繁荣发生过多改变的农村地区，由此“发现日本”。这种围绕乡村的怀旧情绪和浪漫色彩与日本国内旅游业的切实增长相伴相生。

然而，在一些富有创造力的知识分子，例如吉本隆明（吉本芭娜娜之父）看来，这种社会运动显示日本社会正在穿出现代性、进入后现代的状况，身处其中的个人不再是社会物质欲望的奴隶，而是享有为自己定义生活意义的自由。后现代日本关乎个体，丝毫无关日本。

世界知名的小说家村上春树的作品捕捉到了这种情绪。他重要的两部曲——《寻羊冒险记》和《舞！舞！舞！》——为1980年代画上了句号。这些后现代畅销小说的中心主题之一，是个性始终被体制本身的均质化需求摧毁。例如，书名中的“羊”是一种不祥的存在，它像是超自然的寄生虫，栖息在人们的思想之中，逐渐剔除宿主的个性，代之以它自己的意志；宿主享受着这种寄生关系带来的权力感和安逸感，尤其是对他/她的行为不再有任何责任感。书中的羊是一种强有力的象征，是对村上及其他人在日本感知到的总体国家文化的批评。所有被寄宿的人物在某时某刻都必须作出抉择——是向羊投降、交出他们仅存的个性，还是与羊作斗争、将其逐出。那些选择了后者的人成了悲剧人物，他们或发疯或自杀，而羊只是转移到了下一个宿主身上。有一种解说认为，1980和1990年代的“小众”似乎是在与羊作斗争。另一种看法则是，羊不是指保守的日本文化，而是商业主义本身，这样，“小众”就如其他人一样被羊支配。人们无处

图14 东京新宿的霓虹灯光

可逃。

1989年泡沫经济崩溃、昭和天皇死去，在此之后，绝望情绪成了1990年代所谓“失落的十年”的特征。过于自信的经济不自然地膨胀，股市因无法承受而崩盘，日本的文化自信也受到了挫伤。尽管日本依然是世界第二大经济体，尽管它仍在与几乎所有贸易伙伴的关系中保有贸易顺差，社会对于羊和政治家（在1980年代的腐败案中就已遭到质疑）的信任却已被打破。与此同时，随着冷战的结束，日本面临空前的国际压力，须在世界事务中起到更积极的作用、扮演更具主导性的角色——日本在应对1991年第一次海湾战争时犹疑不决（且仅作出了财政上的回应），这只能说明一个事实，即日本还是没能确立清晰连贯的战后认同。

1990年代中期，一连串危机触发了围绕日本认同和角色的更深层次反省。在美国主导的世界秩序中，日本处在什么样的位置？如果说这一问题在海湾战争期间浮出水面，那么1995年三个美国军人绑架并强奸了一名12岁的冲绳少女，则使上述问题成了切肤之痛。如今日本已凭自身努力成为了强大的国家，关于缘何仍应允许美国在日本国内保留军事基地的争论由来已久，冲绳的事件重启了争论。事件发生当年，一批修正主义知识分子成立了“自由主义史观研究会”，企图使日本人为日本在“大东亚战争”中的野心和行径自豪，以此修正社会对20世纪日本历史的认知。在一些人，例如在颇有市场的作家和批评家加藤典洋看来，日本对待其过去及其认同的方式近乎病态：战后，在美国的压力下，日本社会病了，如同受虐狂和精神分裂者，因此需要坦诚地讨论什么才是日本**真正的**认同。

不过，同年的另两场危机震动日本更甚。1995年1月袭击神户的阪神大地震规模巨大，致6000人死亡，令30万座住宅成为废墟。3月20日，邪教团体奥姆真理教在东京地铁内发动臭名昭著的沙林毒气袭击，致12人死亡、超过5000人受伤。

在这一系列的事件面前，日本人民惊呆了，而政府效率低下的反应进一步损毁了公众对于当局的信心。村上春树在他的两部篇幅较短的书中试图对这些事件的疯狂作出解释。他在《神的孩子全跳舞》中有一组短篇，讨论了导致地震发生的可能原因：地震是不是"末日"的自然灾难，来惩罚日本在1980年代的享乐风潮？它是不是因道德败坏而致——因一位受丈夫欺骗的已婚女性心中的妒忌而致？又或地震的发生是因为城市地下一条巨虫的醒转，这条虫在过去数十年中都为贪婪和憎恨哺育？

在《地下》（他的第一部纪实作品）中，就如何解释奥姆真理教现象、如何据以理解社会中其余人的悲痛，村上提出了问题。他认为，当代日本存在一种哲学上的、精神上的巨大鸿沟，那些对此存疑的人没有认真思索过1995年3月20日的真正意义：

> 现实就是，在日本社会的主体系之下，并不存在分体系，不存在安全网，无法捕捉到那些钻空子的人。这一现实并未因为此意外事件而改变。我们的社会中有一道根本的鸿沟，一种黑洞，无论我们如何彻底地消灭奥姆真理教这一邪教团体，将来肯定还会形成类似的组织，带来相似的灾难。

奥姆真理教想要控制东京（接着控制世界），以根除西方物欲价值观——现代性——导致的精神败坏。新世界要由精神上有天赋的人（而不是物质上富裕的人）来领导，这些人会像角色扮演游戏"龙与地下城"中的角色一样排座次。其中最有能量的一个宣称是他令阪神大地震发生。最让日本社会震惊的一点是，奥姆真理教的成员并不仅仅是那些不合群的"御宅族"或未受教育的人，实际上其中有许多有才能的科学家和商界领袖。为什么如此卓越有才的人会加入这样的团体?

在村上春树看来，答案是显而易见的：现代日本未能向它的人民提供明晰的认同意识和共同体意识。在21世纪之交，奥姆真理教就像是国中之国：这个“支国”俘获了幻想破灭者的想象——它是另一个现时（社会曾担心“御宅族”会生活其间的那种现时），被指望消除真实现时中的苦痛。

1997年6月，村上的判断似乎得到了进一步的证实——一名14岁的少年杀害了一名11岁的少年，将受害者斩首后，把尸体丢弃在他们的学校门前。凶手实施了两起谋杀，还作了许多其他尝试；他的日记显示，这是一场同当局的“游戏”，是一场向学校体制的“复仇”，因为学校令他成为“透明的存在”。他甚至造了一个神——巴莫伊多渥基（Bamoidooki），将他的生命越来越多地奉献给它。

当然，这些“小众”在日本属于亚文化运动，并非主流。然而，关注他们、关心他们如何看待日本在认同方面不断演进的危机，看待危机同现代之间问题重重的关系，则是更广泛社会的特征之一。在现代日本，“现代”意味着什么？当日本步入21世纪，对这一问题的回答依然是一项挑战。

第五章

克服否认：当代日本欲成“正常国家”

正常的日本该是什么样？

对于冷战中的认同问题，日本多少有所内省，因为日本努力承受“超克现代性”的企图和太平洋战争的战败带来的后果。然而，1990年代的日本不再躲在美国的保护伞下，而是起而投身于新的后冷战国际体系。虽然简单地把1990年代早期比作1850年代中期有些夸大，但从“日本在上述两个时期都在视野上实现了实实在在的转变”这样的观点中，还是能获取一些启示：在这两个时期，日本原本主要关注国内议题，后来转而关心自身在新的世界秩序中的认同和角色。事实上，这两个时期的日本，是在美国及新兴国际社会的双重要求下，被驱赶着“走出去”——1854年是佩里的“黑船”和帝国贸易制度在起作用，1991年则是时任美国总统布什在向日本施加压力，要求日本派遣自卫队加入联合国授权的驻科威特部队。而日本对于这些外压（gaiatsu）的反应都是矛盾的、不确定的、迟缓的，因为决策者和公众在争论日本应该如何以及是否应该在国际舞台上承担新的责任。1991年，日本在巨大的压力下推诿躲闪，最后没有出兵，而是甩出了130亿美元。

自1947年起，日本的外交政策显得顺服和低调，著名的宪法

"和平条款"(第九条)为日本对安全事务的态度定下了基调;也就是说,日本未曾参加任何重大的军事行动,且名义上被禁止这样做。《日美安保条约》有效地隔绝了日本,使日本对它在国际体系内"高级政治"[①]领域的角色不必有过多想法。

日本是世界上第一个,也是唯一一个遭受过原子弹轰炸的国家,这种可怖的经历后来导致了所谓的"核过敏症";日本的"和平宪法"、美国的监管,再加上这种"核过敏症",在战后时期汇流成一种"反军国主义"乃至和平主义的主流话语。在国际舞台上,日本试图将自身表述为象征"民间的"或"商贾的"力量,自觉且慎重地回避军事方面的外在表现和强国地位。在整个冷战期间,这对日本的邻国都是好消息,这些邻国出于不难理解的理由,对再度武装的日本抱有警戒之心。然而,在1970和1980年代,针对日本的"和平主义"认同,原本小范围的批评渐趋普遍,因为日本经济的泡沫膨胀到了惊人的程度:和平主义和核过敏症开始变得像是托词,企图将日本转化成它主导的侵略历史的受害者,以此拖延必要之举,即为日本在20世纪上半叶的行径向邻国道歉。

换言之,1990年代早期令日本的国际认同问题分外凸显:对于国际问题,日本是否真是一个有意识地选择避免军事解决的和平主义国家?还是这种表象仅仅是美军占领及之后的《日美安保条约》的副效应?富有影响力的政治家小泽一郎[②]强势地提出了日本国内的一项重要议题,即日本表面上的反军国主义实际上是否导致它在现代世界中成为一个不正常国家。在名作《新日本蓝图》(1994年)中,小泽呼吁日本应最终摆脱"战后心理"、不

① 指战争、和平、军事、安全等领域。

② 民主党前党首。

要再关注太平洋战争的后果，以成为一个“正常国家”。他所说的“正常国家”，是指在国际体系中承担的责任与其经济地位相称的国家。书中一个广为人知且激起争论的例子是，小泽声称日本作为慷慨缴纳联合国会费、数额仅次于美国的国家，应当在联合国安理会获得永久席位。具体而言，他要求日本修订宪法，以允许向海外派遣自卫队参与联合国的维和行动或其他的国际安全机制。事实上，小泽是日本1992年通过的《联合国维持和平活动合作法》的主要谋划人之一，尽管当时已赶不上海湾战争，该法到底为自卫队（有限制地）参与联合国维和行动开了绿灯。日本在该法之下的第一项任务是1992年开赴柬埔寨。

日本欲在国际上成为“正常国家”——自1990年代早期起，这一问题已经遍布政治、社会和文化领域，并且至今未获解决。在一些评论人士看来，可以就“日本的双生缺欠”来有效地表述这一难题：首先，日本缺乏“正常”的能力（指一支强有力的军队，配以使用军队的法律机制和社会意愿）；其次，日本在国际体系中缺乏“正常”的合法性（指在“学会面对过去”和向邻国道歉这两方面，日本显然不合格）。

事实上，日本的能力缺欠在某种程度上是一种错觉。它的自卫队是世界范围内科技最先进的军事力量之一。尽管日本维持严格的“无核”军备政策，但它早就具备建造此类武器所需的技术实力，并且拥有航天计划和必要的运载技术。日本确实没有能力建立一支针对海外的侵略力量，但它的防御能力却不亚于其他任何国家；它还拥有一系列“已露端倪”的技术，能够助力日本对亚洲大陆实行先发制人的打击。简而言之，尽管它的自卫队（就人员数量和支出占国内生产总值不到1%而言）规模不大，“非军事”的日本却是亚洲地区最具威力的国家之一。

图15 日本航空自卫队的F-15战斗机正在注油

换言之，日本“能力缺欠”的真正症结在于法律和文化，而不在于物质条件。小泉纯一郎在其首相任期内制定了《反恐特别措施法》（2001年），使得日本能够在第二次海湾战争期间部署自卫队支持在阿富汗和伊拉克的美军；自此以后法律上限制日本军事行动的屏障已被严重削弱。事实上，日本对“和平宪法”的变通阐释与宪法第九条之间存在的差距，已经引得许多人要求修订宪法本身，以使宪法同现实相一致。这种意见常常导致悲观的指责，认为日本表面上的“和平主义”更多地是着眼于公共关系而非实质性的，认为日本出于自身的利益正固守着它自己构造的二战受害者形象。

我们于是面临日本的“合法性缺欠”问题，自1990年代至今，这就一直是个核心的、不安定的、普遍的议题。从许多方面看，它可以归结为一种指责，即日本和日本人是在以某种方式否认他们自己的历史，或者说由于冷战期间来自美国的特殊扶持，他们未能“学会面对过去”。于是，冷战的终结就提供了契机，使议题暴露出来并有望得到解决；事实上，该议题将日本当代国际角色的合法性同它检省太平洋战争责任的能力问题联系到了一起。由于该议题对认同和现代性这两个主题来说极为核心，并且在当代日本依然“悬而未决”，我们当在此作些讨论。

合法性缺欠和战争责任问题

问题的关键在于，许多评论人士和实践者作出了宽泛的推测，认为德国（及德国人）似乎已经能够面对他们在二战中犯下的暴行（且已表示了忏悔），而日本（及日本人）却还没能做到。

然而有趣的是，在整个1990年代——这一时期的特征被沃尔·索因卡[①]称为全球性的“千年之交赎罪热”——日本是发起道歉、上演赎罪次数最多的国家之一。1990年韩国总统卢泰愚访问日本时，即位不久的天皇明仁（及时任日本首相海部俊树）向卢泰愚作出了引发争议的表述；1995年适逢日本战败50周年，村山富市首相发表了内容详尽的谈话；1998年10月，小渊惠三首相以书面形式（为日本在殖民统治韩国期间的暴行）向韩国总统金大中道歉。

尽管有上述重要且具有实质性的进展——既在（1995年南非真相与和解委员会成立后）忏悔与和解的国际话语**又**在日本的行动方面——但仍然留有一种印象，即日本还没有表现出（甚或经历过）充分的忏悔。那么，在如此之多的证据有悖于这种印象的状况下，我们应当如何理解这种印象的持续存在？

① 尼日利亚当代著名作家，非洲第一位诺贝尔文学奖获得者。

对于这个问题，日本人有一种最简单的政治答案，即仅仅以文字游戏来暗示问题根本不在日本，而在于日本的邻国拒绝接受日本人的忏悔、拒绝向前看。犬儒论调能找到的一个简单依据就是，中国或韩国只要拒绝承认"日本终于走出了漫长的战后时期"，就能够在经济和政治方面继续受益。在今日某些日本舆论中，必定能见到这种对于中韩两国动机的阐释。

另一种更为"日本中心"的答案则围绕"忏悔的实际意味"展开。犬儒论调可能会提出一种常见的异议，即日本虽然道过很多次歉，**但它从未真心感到抱歉**。也就是说，日本的道歉完全是政治行为，在道德层面上毫无忏悔可言；日本人在某种意义上是不真诚的。对这种基于假设的（然而又是普遍的、为人熟知的）犬儒论调来说，日本人道歉并非是试图获得原谅——他们并不为历史上的错误感到羞耻，他们只是在凭权宜之计强入未来。

这种关乎心理的批评暗含把民族国家拟人化的意思，我们搁置（至少是现下先搁置）这个略有些麻烦的问题；还有一种单纯的还击，称"日本的道歉当然是政治行为，因为日本是个国家（而不是人），国家的所有行为都具有政治性"，对此我们也不作讨论。将日本的忏悔视作一种"角色扮演游戏"的观点，确实为我们观察问题提供了一些理论上的启示。尤其是，自1990年代中期至后期，有一种活跃的公众讨论也从这些问题重重的心理学角度来阐述此问题。

否认之为国家病理和1990年代"失落的十年"

在很多方面，全球性的"千年之交赎罪热"是一场讲述事实、表达真诚、昭示历史，旨在祛除历史邪恶的热潮。根据弗洛伊德的观点，一段被压抑的过去似乎会给"集体无意识"留下

“无法抚平的伤痕”，掩盖了为助益“身体政治”而必须清理的受感染创口。此观点一个有趣的地方是，它是以现代的单一自我观念为基础，固执地否认被看作是病态的（人格分裂）或政治萎缩的（文化失忆）。由于种种原因，这一关于自我的观念（或者说，尤其是关于国家的观念）——特别是在全球语境之下——是极为可疑的。

然而，早在1970年代，日本的心理学家岸田秀就创立了理论，把现代日本的状况归纳为精神分裂。1990年代，岸田的观点为加藤典洋接受；加藤饱受争议，同时又很有市场，他同样将日本战后的“病症”“诊断”为精神分裂症，有力地论证说，战后美军占领日本时，日本存在内在矛盾，这种矛盾令日本的“人格”确确实实地分裂成了内外两个自我。在他看来，战后日本被置于进退两难的境地，一方面需要实现民主，一方面发现民主是由原先的敌人强加的。在其名作《日本的无思想》（1999年）中，他认为上述困境导致“公共日本”将美国的欲望和指令（尤其是和平主义和民主）纳为己用，但“私下日本”仍然保持着有分歧的且常常是矛盾的国家主义自我认识，其中带有帝国时期的一些残存因素。

加藤暗示，尽管这种“分裂的”解决方案或许合理且有效（也就是说，它令日本在冷战期间获得美国的保护、得以繁荣），但日本付出了巨大的代价：战后日本已经罹患精神疾病。在他标志性的文章《败战后论》（1997年）中，加藤发起了所谓的“历史主体论争”，这是日本在1990年代最严肃、最重要的思想论争。加藤在文章中说，在冷战期间，日本依赖美国的宠爱，当时日本的精神分裂症或许是合理的、可以理解的，但现在则早该诊断并治疗这一在过去的50年间折磨日本的病症。加藤认为，日本的精神分裂状况阻碍战后日本充分发展出可借以面对自身战时经历的连贯的、现代的历史主体性，公共日本（由于追随美国，因而被迫跟风谴责自身的历史）和私下日本（存在于反动的、国家主义的阴影中，见不得光）都未能真诚地或全面地与日本过去实际发生的事件，包括战争期间日本犯下的暴行对话。

这样，历史主体论争的任务就是设法构建一个现代的、可靠的、单一的、非病理性的国家主体，这一主体将能为其自身的历史罪过承担责任。丸山真男和战后早期马克思主义者之间曾经有过一场关于所谓主体性（shutaisei）的争论，加藤的见解显然是争论的延伸。丸山在那场争论中的意见十分有力、很有影响；他说，由于缺乏发展到合适程度的现代主体意识（尤其是缺乏可供主体参与的、活跃的公共空间），战时的日本人未能理解自身在反抗帝国主义国家方面的责任。在丸山看来，这导致了一种“无须负责体系”，使得日本在对其行为毫无控制感、责任感的状况下“滑入战争”。他认为，既已到了1946年，战后日本最至关重要的任务就是发展一种现代意义上的主体性，妥当地、负责任地连接起公共和私下。否则，日本的民主就会永远停留在肤浅的、制度化的虚饰上。

加藤在1990年代引起的争议表明，在许多非常重要（并且相当根本的）层面上，日本人的战后忏悔确实靠不住：日本在公开场合的忏悔不过是它移用的、“亲美的”、政治正确人格的一个侧面。1990年代并非“千年之交赎罪热”中表达真诚忏悔的高潮，而是代表了一场真正的（甚至是冷漠的）伪善危机。

多少有些不幸的是，加藤的历史主体论争几乎与一批右翼历史修正主义者的出现同时发生，其中包括藤冈信胜（炮制了1997年出版的《教科书没有讲述的历史》）及漫画家小林善纪。表面上，加藤和这些右翼似乎是指向了同一个议题——呼吁要有新的、“**日本自己的历史意识**”。然而，加藤是呼吁真正（即使是有争议地）直面日本最黑暗及最可耻的时刻（尽管是通过公开地重新评价**日本自身**在那一时期的**受难**及那一时期的创伤感），藤冈和小林那时却（现在仍然是）更关注把二战篡改成某种日本人应当引以为豪的经历。日本的邻国及日本国内的大部分人对于这种动向自然很敏感。

此处关系到一项经常性的、邻接的指责，即由于一些高调的政治人物作出的那种疑似国家主义的公开行为本身，日本的忏悔不可能真诚。这里我们所说的公开行为是指时任首相小渊惠三在1999年给予了太阳旗和《君之代》（国歌）官方认可；[①]前首相小泉纯一郎对靖国神社的参拜臭名昭著，他还企图修改被认为是“不日本的”《教育基本法》（1947年）以在学校中开设“爱国心”课程；[②]前首相安倍晋三助推历史修正主义教科书，还呼吁修改宪法第九条以允许日本重整军备（或称使之合法化）。

有一个关键问题主导着对上述情形的反应，即它们是构成了公开的国家行为，还是一名日本公民的个人行为。于是，意味深长的是，自1980年代的中曾根康弘首相开始，日本的政治人物总是坚称（比如）他们是**作为日本公民私下**参拜靖国神社，而不是以他们公开的、具有政治能量的身份。事实上，我们或可发现，这种逐渐模糊的内/外人格区分（例如，**身为首相的**小泉纯一郎，**作为公民个人公开地**参拜靖国神社），是卷入精神分裂理论本

---

① 太阳旗和《君之代》与日本的侵略历史紧密相连，在二战时是日本军国主义的象征符号。

② 2006年12月，日本参议院通过了《教育基本法》修正案，加入了“爱国”内容。

身的真实过程的一部分。换言之，参拜靖国神社、呼吁公开讨论“爱国心”的意义及其在国民教育中的位置，诸如此类的行为事实上或可认为是一种**治疗**：或许这些参拜行为是刻意的尝试，目的是面对问题、化解在冷战期间无法解决的所谓“人格分裂”？加藤（及在他之前的丸山）认为战后日本存在关键的缺失，即不具备公共空间来容纳真诚的、负责任的话语，是否能够认为，参拜等行为是在试图构建这种公共空间？

是否可以说，这些举动并非是对帝国往昔的浪漫化或军国主义的呼吁，而只是为构建“日本自己的历史意识”斡旋，并且将个人纳入公共空间——促使日本人作为政治和历史的主体参与到他们的战后国家中去的一种机制？

此类或许会引发争议的论点的一个特别吸引人之处是，它赋予一组根本性的深奥概念以复杂的相互依存关系：我们能够发现，战后忏悔、民主、现代性和主体性诸问题在当代日本以多种方式相互渗透。在这种情况下，政治病理这一观念依赖一种设想，即既在个人又在国家层面统一的、现代的自我的“正常”（和健康）。在此阶段，将日本看作一个“后现代”国家是否更为有益，还是一个未决的问题。

“日本”能否接受治疗？

关于上述争论的用语，有一点已经十分清楚，即它们用一种属于治疗范式的语言把国家行为归为病态。国家被当作一个生了病的个人：日本被它的历史/记忆造成的创伤撕裂了，退缩成了怀有否认心态的国家——行事自相矛盾，既知晓又不知晓它过去的恐怖。当然，这种悖论（不知晓所知晓的事）正是否认的核心性质，因为人无法否认他不知晓（至少是在某种程度上，并且带有一定程度的怀疑）的事。

然而，问题还是存在：国家是否足够与人相似，能保证上述论点说得通？国家是否也和个人一样，有心理活动？受压抑的记忆会使人生病，一个国家的过去是否同样会使它的人民生病？大多数评论人士似乎认为，**不能**简单地把这些心理学概念转用到政治层面。个人的苦难和精神创伤与国家的苦难及政治创伤在结构上完全不同。

换言之，此类话语似乎是一种诡计。国家并非人民，把国家当作人民来谈论则（有意无意地）代表了政治版图的迁移。事实上，这种治疗模式的思维本质上是自我指涉的。它把注意力从过去侵略的对象（受害者）那里移开，变加害者为病人。换言之，这种思维不关注病理产生之时（对日本而言，即太平洋战争之时）强加给他人的苦难，而是关注病人因不能面对那个事件或那段时期而产生的心理痛苦。作为对精神创伤的反应，这是一种否认的病理。

从这种思维的角度来看，“学会面对过去”甚或为过去而忏悔的意义和重要性就转化了：它们不再意味着从遭罪的人那里寻求宽恕，不再意味着在遭罪的人面前表示谦恭并赋予他们权力（宽恕加害者的权力）——事实上，与他们完全无关——而是要治愈并改变加害者自身。

换言之，在讨论日本战后忏悔的虚伪性时，这种流行的、颇有市场的精神分裂理论事实上颠倒了历史和伦理问题，把日本转化成了二战的主要受害者，使直面那场战争的后续努力变成了治愈并重建日本自身。日本国内和国外的评论人士很快便指出，这一状况有事实佐证：日本始终不愿正式承认（且不愿赔偿）“慰安妇”——她们大多是韩国和中国的妇女，当时被强征作帝国军队的“性奴隶”。

图16　时任首相小泉纯一郎参拜靖国神社之后，首尔的示威者将小泉“斩首”

此类治疗叙事特别看重现代主义关于统一自我的假设，成了进行之中的关于日本与现代性及其超克之间复杂关系的争论的一部分。事实上，加藤典洋最具争议性的主张之一，是说日本在哀悼亚洲的2000万死者（或者为此承担合适责任）之前，需要先哀悼日本国内的300万阵亡者。他想说的是,日本社会应该在自身的自我及历史意识上达成共识，然后才能作为一个（精神上）健康的、整合的现代行为者去进行有意义的道歉。

合法性缺欠的后果

自冷战结束以来，合法性缺欠问题的重要性骤然凸显。日本曾多次尝试在地区内发挥领袖作用，但都失败了，因为它始终被疑仍有不变的帝国野心。日本在地区安全组织例如东盟地区论坛（1994年成立）中的位置模糊不清；桥本龙太郎首相曾欲建立地区经济共同体，以抗击1997年的亚洲金融危机，但也失败了：这些或许都是例证。大体而言，东亚一直未能或者说不愿发展欧洲的那种地区组织。

尽管如此，日本在发展非军事安全机制方面多有创新，这一方面是为了在不与宪法第九条相抵触的前提下确保日本自身的安全，一方面是希望通过在此类措施上着力来增进地区内对于日本意向的信任，另一方面则是出于对当代世界更广泛议题，即“人类安全”的真诚关注。尤其是，在日本经济取得增长的情况下，日本政府试图发展“综合安全保障”平台。这一称谓由时任首相大平正芳在1978年提出，并很快成为1981年佐藤—里根伙伴关系的口号：“为了自由世界，实施综合安全保障！”综合安全保障的概念将威胁的含义从单纯的军事威胁拓宽到包括其他方面，例如环境、贫困和饥荒。它还进而囊括“人类安全”的观念，被定义为“免于恐惧的自由”（平行于人权概念和“免于匮乏的自由”）。

日本政府通过各种政策机制来追求这些目标，例如慷慨提供政府开发援助，其中绝大部分流向日本的亚洲邻邦。1989年之后，日本提供的政府开发援助规模居世界首位。然而，出于种种原因，它受到国际社会部分成员的批评：冷战期间，日本向邻国提供附带条件的政府开发援助而不是战争赔偿，因而不时受到非难；它曾被指在援助分配上反复无常；还曾不时被指企图以援助之名行经济帝国主义之实。为了回应这些批评，日本在1992年通过了综合的《政府开发援助大纲》，详细解释了分配基准，把政府开发援助分配同综合安全保障及人类安全的概念、同民主和人权的推进联系到了一起。

尽管如此，东亚的一些批评人士仍然认为，日本在地区信任建设和综合安全保障方面的所有努力只不过是些获取信任的骗局。他们只要看到日元，就想到新形态的日本帝国遮遮掩掩的化身正以经济援助、日产汽车、索尼家用电子游戏机的形式被兜售给世界。外务省对这些担忧很敏感，十分重视日本的形象问题。2007年，该省开展了“创新日本”活动，在活动中，日本被表述为艺术创新和流行文化现象的发源地，动画、漫画、电子游戏以及食物、时装和建筑被列为日本对世界文化的主要贡献。美国靠“美国梦”这块牌子成功地吸引了全世界的人，日本却与美国不同，依然要靠为自己塑造形象来争取他人的亲近。

后记：21世纪的日本

未来存乎于内：一场精神革命

新千年之交是全世界许多国家，也是日本思索的契机。日本在20世纪经历了不同寻常的、变动剧烈的崛起过程，成为世界舞台上主要的现代国家。然而针对民意的调查和专业层面的思索却丝毫未显示乐观氛围。上一个百年见证了一个民族国家的建立、现代工业的发展、巨大但注定失败的区域性帝国、毁坏以及之后奇迹般的经济成就，但新千年面临的最大阴影却是1990年代——所谓“失落的十年”投下的。日本在1980年代到达信心的顶点，萌生了后工业的科技乌托邦设想，但事实上，日本根本未能成为这样的乌托邦，它似乎深受焦虑和不安全感折磨，全为它的认同及在世界上的位置。许多公众调查显示，幸福感和满足度处于低位，日本的自杀率在世界上也位于前列。

然而，尽管1990年代存有焦虑和不确定性，21世纪的日本依然是世界上最富裕舒适的社会之一。尽管以购买力平价衡量，日本现已次于美国和中国、居于第三，但它的国内生产总值（约4.5万亿美元）仅次于美国。[①]经过十年停滞，日本经济在2003年重

① 如“引言”中所注，中国的国内生产总值已于2010年超越日本，成为世界第二大经济体，日本现居第三。

又开始增长。

于是，在千年之交，回顾过去与关注未来同等重要。在小渊惠三任首相期间，日本政府设立了“21世纪日本的构想”恳谈会，自感需要找到办法来防止（或者说逃脱）日本显而易见的衰落。恳谈会吸纳了各行各业的人士，成员有宇航员，也有剧作家，但显眼的却是政府部门官僚的缺席。实际上，政府及其机构的公信力在1990年代就已折损大半：经济泡沫破裂、日本雇佣制度的“神圣宝藏”（终身雇佣制和年功序列制）走向崩溃、磕磕绊绊又低效无能的国际角色，以及众多腐败丑闻和派系斗争的揭露，已经完全摧毁了政治精英永无过失的形象。许多人首先要求政府自身进行改革。

恳谈会最终在2000年1月提交了一份报告书，题为“日本的未来存乎于内：以自立和共治构筑新世纪”①。报告书中提出的建议涵盖面广、意义深远，触发了一段时期内关于日本社会状况及其抱负的集中讨论——至今仍未画上句号。

恳谈会提出了一个有力的论点，即“追赶”心理使得日本社会及其道德观变得僵化，因此当日本的生活水准实际上超越了所谓“西方”的生活水平时，它就失去了目标。恳谈会认为，日本现在必须赋予自身一个自立的角色，不遵照西方（尤其不遵照美国）那一套，而是通过强化它与东亚之间的文化和社会纽带，并且支持地区内多边组织的发展。在公共话语中，这一“回归亚洲”的设想强而有力（同时具有争议性），许多评论人士将它同日

① 据恳谈会报告书日文标题译出。“共治”，在日文中写作“协治”，意思等同于“governance”。与传统意义上的“统治”的主要区别在于，“统治”是指政府自上而下的、具有法律效力的行为，而“共治”则强调组织和社会中的相关成员主动地参与决策、形成共识的过程。

本通过穿越而后超越“西化”外在特征来“超克现代性”的努力联系在一起。这种观点隐隐在说，日本应该通过自身丰富的历史和文化传统去博取他人的亲近，而不是去依赖自身对西方人的模仿能力。日本应当主张它自己的现代性。既然存在“美国梦”，那么也应该有一个独特的“日本梦”。

然而，2000年的这份报告不仅仅是在呼吁文化自信和渐增的爱国主义，它也在批评战后日本内省的趋势。所谓的“日本人论”文学试图把日本确立为独特的、排他的、均质的政体，对此，恳谈会认为，日本社会忘记了一个事实，即它的理想应当是平等主义而非均质化：日本人民应当平等，但不应以牺牲独创、创新和个人才能为代价。该会严肃地批评了严格的教育体系，认为这一体系“过度均一”，因此只得到仆役般的劳动力而非起到先驱作用的人才，结果有损经济和文化实力。这一观点获得公众和教育界的大力支持，但恳谈会的建议——将学校的义务教育缩减为每周三天（以便学生把余下的时间专用在创造性的个人活动上）——并未得到太多重视。

最后，恳谈会还批评了他们眼中日本社会的排他性。其背景是依然存在的对于各个少数族群（尤其是韩国移民，但也包括东南亚和南美的移民）、原住民（例如阿依努人、冲绳人）、社会少数群体（例如部落民）以及多种形式的针对妇女的偏见和歧视。除仍然严重的道德伦理问题之外，恳谈会也很清楚这一问题对于日本具有工具意义上的重要性：出生率迅速降低、人口寿命很长（日本的人均预期寿命将近82岁，居世界首位），再加上几近于零的净迁移率[1]，导致日本社会面临老龄化的危险——人

① 净迁移率指标显示一个地区人口的迁入与迁出对于总人口的影响，正值表示迁入大于迁出，总人口增加；负值相反。

口中约有15%是65岁以上的老人。事实上，日本的人口金字塔经历了反转：2005年，日本的出生率和死亡率恰好相同；2007年，日本人口实际上遭遇了二战以来的第一次萎缩（降至约127 435 000人）。在21世纪的日本，社会的老龄化可能会是对经济和社会繁荣的最大威胁。

恳谈会据此认为，日本需要更开放的移民政策，并且应该更“平等地”雇佣各个已经在日的少数群体。这将需要在法律和社会文化两个方面进行改革，并且后者或许更为重要。

当然，要令日本对移民更具吸引力，至少部分还得取决于社会对于重塑日本认同的努力能否成功。报告书认为，日本在21世纪的第一要务应是开启一场精神革命，暗示“失落的”1990年代是通向“战后第二时期”的必经之路。然而，恳谈会也认识到一些或可采取的、相当实际的措施：该会认为日语本身就是日本国际化的潜在障碍，应当把英语作为官方第二公用语，以提升日本的国际形象、令世界更易亲近日本。

日出之地

在公元第三个千年的第一个十年，为了从衰落中自救，日本作了多种尝试，经历了一系列社会、政治和经济改革——虽然并非全部依照2000年恳谈会建议的方式。

政治体系在2001年对其自身进行重构，精简部门、降低各部门的权限，权力更多地集中到首相个人手中。小泉纯一郎在2001年至2006年间担任首相，是新体系的首个受益者。小泉试图利用首相一职新增的权力，去克制执政的自民党政治的特征——派系斗争；他在国内和对外政策两方面都推行了一系列激进的改革：他对逐渐复苏的日本经济——新的国家自信的肇始——

实行监管，还命令自卫队支援2001年“9·11”事件发生后美国发起的所谓反恐战争。日本的《反恐特别措施法》赋予自卫队在日本境外进行调遣的自由，尺度之大前所未有。

在不安全感长期存在的时代，小泉迎合了公众对新的日本认同的需求，作为首相或许给人留下了极其“鹰派”、极其自信的印象。举例来说，他是战后首位参拜靖国神社（为日本阵亡军人招魂）的日本首相，且在访客名册上记名作“小泉纯一郎，日本首相”。这激怒了日本的邻国，立即招致强烈的抗议，但小泉不愿道歉，坚称“爱国心”是所有国体皆有的、健康正常的一部分。

事实上，小泉经过深思熟虑，作了一种创造性的尝试，即在安抚地区内的愤恨和培养国家自信之间走起了钢丝：他除了参拜靖国神社，还呼吁把防卫厅改制为机能全面的防卫省，推动自卫队同美国开展前所未有的合作，极力主张学校更多地教授“爱国心”；然而他同时也试图为日本在太平洋战争期间造成的后果作出官方道歉，以巩固日本同亚洲各国的关系。

1990年代的讨论之后，小泉在许多方面强力将日本推向国际“正常国家”的方向。然而，如此强硬的立场既为小泉带来了支持者，又替他制造了国内及海外的众多敌人；他忽而是日本战后最有人气的首相，忽而又是最不受欢迎的一位。小泉改革的成效尚未得到恰当的解读，但他的继任者安倍晋三继续推行了小泉计划中的某些方针。最引人注目的是安倍监督防卫省的创制和2006年12月《教育基本法》的修订，修订后的《教育基本法》要求学校为“爱国心”安排更多课时，要求唱国歌、升国旗。他还呼吁修改宪法第九条。

然而，与小泉不同，安倍未能成为广受欢迎的首相，并在

2007年秋突然辞职。这显示了一个事实，即日本社会对上述国家认同议题——尤其是对于其中的军事介入问题——仍然抱有深深的矛盾感。举例而言，2008年10月，日本防卫大臣浜田靖一要撤换时任防卫省航空自卫队幕僚长田母神俊雄将军，因为后者撰有一篇文章，其中写道："我们应该认识到，许多亚洲国家对大东亚战争持积极看法……指责我国是侵略国家肯定是错误的。"防卫大臣浜田作了公开声明，称田母神将军未能把握政府立场，因而该被撤换。

与此同时，日本社会见证了其他许多改革。在教育领域，不仅基础教育体系经历了自上而下的改革，为回应老龄化社会和所谓的"创造性缺欠"问题，大学体系也历经了转变。公立大学的地位和拨款发生了一系列变化，旨在增加一流大学之间的竞争、鼓励研究工作的创造性。此外，主要的私立大学，例如东京的庆应义塾大学，公布了"面向21世纪"的新使命声明，宣布将在大学的智识责任和企业责任方面发展更为国际化的意识。

尽管如此，精英大学作为培养国家未来领袖的训练场，仍然保留着它们的特权地位，在这些大学就读原则上仍然具有强烈的精英色彩；众所周知，由于申请人数众多，一流大学得在体育场举办入学考试。然而，原则与实践常常背离：能否成功通过要求越来越高的入学考试，越来越取决于父母的经济能力，即是否能在晚上、周末和"学校放假"期间把孩子送入专门的义塾（补习班）就读。于是，精英理想被社会现实打破——日本社会不似表面上那般均质：在小泉实行经济改革后，收入差距（在这个90%的人认为自己属于中产阶级的国家）显著增大——实际上，缓解上述问题已成为主要反对党，即民主党施政纲领的一部分。少数族裔、社会少数群体及来自单亲家庭的孩子进入大学体系的比例严重不足。

教育体系的精英色彩不改，雇佣模式却经历了显著的变化。高增长时期已成明日黄花，雇主渐渐失去了承诺“终身雇佣制”的意愿，这意味着雇员忠诚的根基不复存在。于是年轻一辈的雇员如今更可能在对工作不满的时候改换门庭，而不是停留在延迟满足的希冀之中。这样，就业市场就变得更具流动性了。

反过来，由于工作地点相对而言不再被强调为自我认同的首要关注，消费亚文化——尤其是在日本的年轻人之中——得到了一种新的注解。这些亚文化中最为著名、可见的（当然并非是独一的）部分或许是所谓的“御宅族”，特征是在社交方面内向（通常是男性）且把大部分时间和金钱花在对流行文化特定制品——例如动画、漫画或电子游戏——的沉迷和追捧上。文化理论家东浩纪认为，“御宅族文化”将日本带进了后现代世界。然而，在其他人看来，人们对于日本城市社会的空洞化时有恐慌感，御宅族这一类型多样的群体即是恐慌的焦点；最近的恐慌感集中在2008年6月于秋叶原（东京的电子产品街区）发生的恶性伤害事件。[①]这种社会张力在某些方面象征着代际间普遍存在的不安感和不信任感。

除了各种亚文化运动，21世纪的日本还是一系列所谓“新兴宗教”团体的发源地，其中许多在1990年代复苏。这些团体中最为著名（实为臭名昭著，但并不典型）的是奥姆真理教，该教团1995年在东京地铁内犯下了沙林毒气袭击的罪行。大多数此类团体都属于融合宗教运动，把神道教、佛教和各种民间信仰的元素结合到了一起。事实上，当代日本社会与宗教之间存在复杂的

① 凶手加藤智大在这起事件中持刀刺死七人，砍伤、刺伤十人。

关系；2005年的一份调查显示，80%的日本人遵守神道教的宗教仪式和礼节，**同时**有近70%的人认为自己是佛教徒。

这种消费亚文化与精神归依的结合似乎是21世纪日本四处蔓延的城市环境的特征。事实上，当代日本几乎完全是个城市社会，人口中只有5%在从事农业劳作，其余城市人口大多挤在列岛中可居住的土地上——约占日本国土面积的20%，其中3500万人集中在东京和横滨一带，东京都市圈遂成世界上人口最多的大都市圈。

这种密集充填的城市环境带给日本一系列的社会、经济和环境问题，其中许多问题在其他工业社会也属常见。医疗服务——尤其是在养老方面——和公共工程面临极大压力。城市有巨大的能源需求。日本城市的交通基础建设已扩无可扩。戴着白手套的地铁站务员硬是把上班的人塞进已然满满当当的地铁车厢，这种草根印象并非虚构。5800万辆汽车在道路上通行，处处一般拥堵。于是，上下班费时且不舒适——大约有三分之一的工人和学生在上班或上学的路上要花一个小时或更长时间。城市中的地产价格通常极高，东京仍然是世界上地产最贵的城市之一（尽管目前有一些统计将这项不光彩的头衔颁给了莫斯科）。许多评论人士把高度的社会不满归结于此类城市生活的辛酸导致的异化。

这一高度发达的城市化状况有一种副效应，即重新发现并附魅日本的乡村，乡村成了一种普遍幻想——关于现代日本秘密的、濒临危险的灵魂——的焦点。事实上，日本政府甚至开展了运动，鼓励都市人更多地待在日本的乡村，不仅是为提升人们的生活质量，也是为使人们重新接触日本生活的一个侧面——人们担心，在不可阻挡的城市资本主义浪潮下，这个侧面正在消失。流行文化——包括宫崎骏的那些世界知名的动画作品——与对幻想的乡村日本的这种表征形成了共谋，这样的乡村日本以某种方式在现代性的力量下偷生，并且维持在原始的、虚构的过去之中。

就此而言，思考2002年韩日世界杯时英国广播公司对日本的表现方式（参见本书引言）是很有趣的事。旧与新、艺伎和子弹头列车、富士山和霓虹闪烁的街道——这些蒙太奇在某种程度上其实是一幅相当准确的图景，展示出一些构成现代日本的交错元素。关键是要谨记，日本这个复杂多样的社会并不是一个虚构的、在与“西化”特征作斗争的“东方”社会，而是一个在全球资本主义的世界中不断调整自身认同和角色的现代社会。它的现代性是自有的。正如其他许多处在21世纪之初的社会一样，对于日本而言，一个紧迫的问题是，现代性之后会发生什么，日本在探讨此问题时的角色又将是什么。

索 引

（条目后的数字为原文页码）

I

J

K

L

M

N

O

P

R

S

T

U

V

W

Y

Z

Christopher Goto-Jones

MODERN JAPAN

A Very Short Introduction

Contents

Acknowledgements and conventions

Japanese names are written in their proper order, with family name preceding given name. In the case of a number of important historical figures, it is conventional to refer to them by their given names: hence, Tokugawa Ieyasu is often known simply as Ieyasu; Oda Nobunaga is known as Nobunaga; Toyotomi Hideyoshi is known as Hideyoshi. However, these are exceptions to the norm. Long vowels have been indicated by a macron, as in 'Nishida Kitarô', although macrons have not been used for words commonly seen in English, as in 'Tokyo'. Japanese does not mark plurals with an s, hence *samurai*, *daimyo* etc. are both singular and plural.

I would like to thank Rana Mitter, Rikki Kersten, Angus Lockyer, and the anonymous reviewers at Oxford University Press for reading the complete manuscript, for their generous and constructive criticisms, and for their understanding about the difficulties of writing such a Very Small Book. Nonetheless, responsibility for all the confusions and any errors is entirely my own. I also owe a debt of gratitude to my editor at the Press, Andrea Keegan, whose persistent encouragement and patience with me (especially after a complete hard-disk failure in Osaka) were remarkable. Thanks, too, to the Modern East Asia Research Centre (MEARC) for funding a period in Kyoto to actually do the writing, and to Esther for conjuring the time out of nowhere.

And finally, thanks to Nozomi and the rest of the farm, as well as to my students in Leiden, who have instilled in me the importance of explaining rather than assuming; I hope that this little book is a step in the right direction, although I daren't assume so.

Really, this book is for my parents, who have always supported my interest in Japan without really knowing why it was interesting: I hope this helps.

List of illustrations

Introduction: what's modern about modern Japan?

For many people today, modern Japan is best recognized as an economic powerhouse. According to many commentators, Japan is today's most successful industrial (or even post-industrial) economy, combining almost unprecedented affluence with remarkable social stability and apparent harmony. Despite its recent economic troubles, and despite the rapid rise of China, Japan remains the second largest economy on the planet according to most indicators, behind only the United States. Japanese goods and cultural products are consumed all over the world, ranging from animated movies and Playstation games, to cars and semiconductors, to management techniques and the martial arts.

In many ways, this image of Japan makes it into an icon of 'modernity' in the contemporary world, and yet the nation itself remains something of an enigma to many non-specialists, who see it as a confusing montage of the alien and the familiar, the traditional and the modern, and even the 'Eastern' and the 'Western'. As we will see, part of the reason for this confusion lies in the assumption that whilst modernity generates little cultural dissonance in the so-called 'West', in Japan and elsewhere the trappings of modernity appear incongruous or even inexplicable. At the base of this assumption is the deeply felt entanglement of modernity with European and American history. Indeed, this perceived entanglement is at the core of many of the world's contemporary protests against globalization and capitalism: to many people the steamroller of the modern looks like the expansion of the West.

As an example, let's pause to consider a recent spectacle.

Perceptions of modern Japan: FIFA World Cup 2002

There was a measure of European scepticism when Japan and Korea were chosen to co-host the 2002 FIFA World Cup finals. Was the first World Cup in Asia going to be another World Cup like USA 1994, when it was hosted by a rich country that didn't really know anything about football (or 'soccer') in an attempt to make it more popular there? The European public knew even less about these 'Far Eastern' nations than they knew about the USA: they knew about Nintendo, Sony, and Daewoo; they knew about karate and taekwondo; they knew about Pearl Harbor, Hiroshima, and the Korean War. They didn't know that Japan's 'J-League' was one of the world's most lucrative football leagues; and they certainly didn't know that Korea would make it through to the semi-finals (where they would lose to Germany), having beaten the 'Great Powers' of Italy and Spain on their way, finishing above pre-tournament favourites such as England, Argentina, and the reigning champions, France. In general, the tremendous passion for (and ability in) football in Japan and Korea took Europe by surprise.

It is interesting to reflect on why the scale of interest in football in East Asia was surprising to so many people. A partial answer resides in the kinds of popular images of Japan to which the 'Western' public have been exposed. During its coverage of the World Cup, for example, the venerable BBC produced two beautiful advertising sequences for the games. The first, screened in the weeks preceding the games, was a two-minute segment in the style of 'anime', the virally popular medium of Japanese animation that currently accounts for 60% of all televised cartoons in the world. The short film commenced with a dramatic voice-over that would be familiar to fans of 'beat 'em up' video games and martial arts movies: 'Every four years great heroes come from the four corners of the earth to compete for the greatest prize known to man . . .'. In the background, a stylized flicker of kanji (Chinese characters used in Japan) and hangul (Korean characters) pulsed ominously. Then the advert exploded into life as a science-fictional spectacle: a ball is kicked into the air like a rocket; computer screens and neon lights flash and beep as they trace it; a futuristic flotation tank holds a man with a gleaming, metallic cyborg leg (he turns out to be the superhumanly talented French captain, Zidane); and then a flurry of anime football heroes (none of whom are Japanese or Korean) flash through the streets of a neon-riddled (Japanese) city in pursuit of the rocket.

The two-minute commercial was slick and stylized, full of references to popular culture, and riddled with implications that Japan was somehow a cool and futuristic utopia, a science-fictional realm of cyborgs and computerization of the kind that William Gibson famously depicted in his cyberpunk classic, *Neuromancer* (1984). In addition, none of the actual football seemed to involve anyone from Japan or Korea, although there were lots of people in the streets watching the foreign football-heroes appreciatively.

The second sequence was screened during the opening credits of every match. This was a much more romantic montage of images: beginning slowly with a temple on a lake at sunrise, followed by a close-up of the eyes of a Buddha statue, a fluttering Japanese flag, some sumo wrestlers, a fluttering Korean flag, and then some koi carp. At this point, a football is kicked into a light-blur that then guides us through the rest of the images: Buddha again, a cityscape (with neon lights and a temple), a football stadium (with a Brazilian player), some traditional Korean dancing, David Beckham, some more Korean dancing, another sumo wrestler, another temple, a lingering shot of a *geisha* (or *gisaeng*), and then a slow romantic shot of Mount Fuji. At this point there is a sudden change of pace, as though we are being brought into the modern era: a Shinkansen bullet-train explodes into view, more unidentified footballers, more trains, more neon lights and crowded streets with illuminated screens (showing footballers), more traditional Korean dancing, and finally the ball-blur flashes between the uprights of a great *torii* (sacred Shintô gateway) as though it were a goal.

Of course, the imagery here is clichéd and unimaginative, but this is precisely why it reveals so much about the ways in which Japan is represented in the so-called West. Leaving aside the bizarre absence of Japanese football players in these commercials, we see a characteristic mixture of traditional culture (sumo, *geisha*, Fuji, Buddhist icons) and hyper-modernity (bullet-trains, neon cities, cyborgs), of the mysterious and the technological. Japan is represented as an enigmatically different 'other' that has somehow appropriated (and then transformed) the trappings of modernity that should be so familiar to a Western audience. The audience is supposed to be affected by seeing a sumo wrestler and a high-speed train in the same sequence. But why should this have an impact?

The point here is that it is not only Japan's cultural difference that makes it so intriguing, but also the fact that it is simultaneously a modern, technologically advanced, non-Western nation. At this vulgar level of analysis, Japan is presented as intriguing because it has a rich history of 'Eastern' traditions and an oddly 'Western' present: modernity and the West being difficult for the audience (or for the BBC) to disentangle.

In other words, the questions of the meaning and integrity of modernity gives the interested observer an extra reason to consider Japan, which is widely regarded as being the first modern 'non-Western' nation in history. Indeed, the history of modern Japan, since the end of its apparent international isolation in the mid-19th century to the present day, is the document of a nation grappling with the effects of its encounter with Western powers and its simultaneous exposure to the ideas and technologies of modernity. Negotiation, both in the political and intellectual senses, has been a key feature of this period. Indeed, the experience of Japan provides us with a fascinating lens on the myriad ways in which nations respond to the complex problems of cultural, intellectual, social, political, and scientific change, especially as occasioned by the sudden (and uninvited) arrival of American gunboats.

This *Very Short Introduction* to *Modern Japan* cannot hope to serve as an adequate general survey of this exciting and important period in Japan's history. Instead, it will consider a series of questions about what it means to call Japan a 'modern' society and what this category of 'modern' has meant to different groups of Japanese people at different times. Along the way, it will challenge a number of common assumptions about Japanese history, such as the frequent claim that Japan was completely isolated from the outside world during its long period of isolation, or *sakoku* (17th to 19th centuries), and hence that openness to other cultures was itself a key feature of Japanese modernity. We will consider some of the ways in which cultural and social continuity and change interact through the period, even over apparent singularities such as the catastrophic conclusion to World War II in the Pacific, hence challenging the assumption that postwar Japan is somehow discontinuous with its own traditions.

And finally, although much of the material here will inevitably focus on the ways in which political, intellectual, and social elites engaged with the profound transformations of Japanese society and the question of its modernity, there is also a need to look at the ways in which these changes were experienced by the people at large, not merely as the passive recipients of grand historical trends but also as active agents involved in shaping their modern nation for themselves. In some ways this tendency towards national self-determination is one of the key features (and core problematics) of modernity.

In other words, this is a little book about the ways in which Japan has engaged with modernity, but it is also a book about the ways in which the experience of Japan should help us to reconsider the meaning and dimensions of the 'modern' itself. It is not the case that modernity *happened to* Japan, but rather through industry, toil, bloodshed, and creativity Japan forged itself into the thriving, modern nation that we know today. Whilst the meaning of the modern remains controversial and contested, the example of Japan helps to illustrate the necessity of encompassing the varied experiences of many different nations when trying to understand its dimensions and historical

1. A rooftop Shintô shrine

reality. Modernity and the West may be related, but they are not identical.

What is 'modern' anyway?

It is a common (mis)conception that 'modern' is essentially a temporal or historical term, referring to a period of time that is close to the present. Whilst this meaning may serve in everyday usage, it is much more interesting and useful to consider a more technical and substantive sense of the term. In this framework, the term 'modern' refers to a more-or-less specific constellation of intellectual, social, political, and scientific norms and practices. By identifying the modern as a cluster of related principles rather than as merely a period, we are able to trace its occurrence in different periods in different national or cultural settings: was Europe modern before Japan, for instance? Was Japan modern before Russia? If so, why? It also enables us to ask provocative questions about the present: is Japan modern and, if so, how can we explain why it looks so different from, say, the United Kingdom? To paraphrase this important question: which elements of the modern are essential, and which are culturally contingent? And finally, if the occurrence of the modern can be observed in this way, does it become possible to identify conditions that are somehow 'postmodern'? Is the modern already in the past in some places, and not in the present at all? Are there locations where it remains in the future?

This approach opens up some rather dangerous ethical problems: if we accept that the modern is effectively a stage of development, how can we avoid (and should we avoid) *judging* the development of nations against these standards? In other words, does the idea of the modern smuggle in a linear conception of historical progress that culminates in contemporary Euro-American ideals? As we will see in Chapter 3, these questions were of vital concern to Japanese intellectuals as early as the 1940s, as they struggled to find ways to 'overcome modernity'. This call to overcome the modern was related in complicated ways to Japan's project of empire-building in Asia. In the postwar period, it becomes linked to calls for Japan and Asia to 'say no' to the USA.

Given how important the concept of the 'modern' appears to be, what can be said about its meaning and content? Unfortunately, there remains a lack of consensus about the exact dimensions of the modern, although most commentators agree about the kinds of symptoms that we should be able to use to diagnose it. A society might be considered modern, for instance, if it exhibits signs of industrialization and urbanization. An economic system might be modern if it boasts a market economy organized according to capitalist principles. A modern political system should be organized around a central nation-state, supported by popular nationalism, and a representative system of government (perhaps a democracy) that gives voice to the will of the people. This political system rests upon a so-called 'modern consciousness' that involves an awareness of the dignity of individuals and their inalienable rights. It supposes a level of literacy and access to information (via education and the public sphere) that enables people to make rational choices about their best interests. This emphasis on rationality is foundational: the modern era is held to be characterized by reason rather than superstition (or perhaps religion) and by the development of science and technology – the mechanization of society. Modern man holds the technological power to attempt to control nature, to unleash destructive weapons, and to save lives through modern medicine. Industrial machines make the world smaller and provide the conditions of the possibility of a meaningfully global world: the train is the pervasive harbinger of modern times.

Many of these characteristics seem to find their origins in the European Enlightenment of the 18th century, and this is no coincidence since this is where many commentators locate the genesis of the modern. In particular, the concept of the modern seems to share the Enlightenment project's faith in progress and its aspirations towards the universalism of its maxims. However, it is important to remember that there is a difference between observing the historical origins of this cluster of ideas in Europe and claiming that the ideas themselves are somehow *essentially* European possessions. Indeed, to make such a claim would run rather counter to the universal spirit of the Enlightenment. Nonetheless, both advocates and opponents of the global spread of modernity, within Europe and outside, have often affected this confusion. It might be better to see the modern condition in the various possible responses to a *world* of capitalist industry.

As we will see, the history of modern Japan contains a variety of positions on this important political question, ranging from those who sought to reject all the trappings of modernity in the name of rejecting Westernization, via those who sought to retain Japanese traditions whilst adopting the 'value-free' aspects of modern rationality, to those who advocated abandoning Japanese traditions entirely on the basis that only by becoming Western could Japan become truly modern. In some ways, this kind of sociocultural anxiety about identity and the place of tradition in society is one of the marks of the modern era, not only in Japan but everywhere. The modern era is not only characterized by great advances in science, but also by social anomie and political unrest.

Indeed, for many, it is precisely this dynamic interplay between the traditional and the modern that makes the process of modernization so exciting and vexatious. In some respects, the modern is conceptualized as the opposite of tradition – the overcoming of traditional (that is, 'irrational') ways of organizing life. However, it would be an extreme interpretation to argue that the modern era should dispense with cultural traditions altogether – George Orwell has famously painted a picture of the probable result of such thinking, in his novel *Nineteen Eighty-Four*. In other words, the modern era should not see an end to cultural diversity, but modern people should engage with their traditions in a transformed way: they should be recognized *as traditions*, rather than *as truths*.

Nonetheless, the process of negotiating a stable and healthy relationship between the traditional and the modern is fraught with difficulties, not least because there is no culture-free standard of modernity against which to measure success. Like it or not, most commentators tend to fall back on the legacy of the European Enlightenment as the prototype, and at that moment we run back into the danger of imperialism. Hence, a key issue for modern times is to learn how to identify the modern when we see it, even if it looks different from our experience, otherwise we risk judging all cultural difference as being evidence of stunted modernity.

Structure of this book

This book is organized more-or-less chronologically. Chapter 1 tackles Japan's simultaneous encounter with the Western world, as US Commodore Perry arrives in 1853 to open the 'isolationist' Japan to international trade, and with currents of modern ideas and social forces that were already developing within Japan during the Tokugawa period: the modern and the Western overlap here, but they are not identical. Japan's emergent modernity is its own. This chapter deals with an often overlooked but vital part of the story of modern Japan: continuities with the past.

Chapter 2 moves into the Meiji period, showing how Japan endeavoured to transform itself into a modern, imperial nation in the second half of the 19th century. This period, sometimes referred to as the Japanese Enlightenment, sees the Japanese enthusiastically embrace modernity and its trappings. Chapter 3 moves forward into the early 20th century and Japan's emergence as a great imperial power in Asia, defeating China (1895) and Russia (1905), and then building a vast empire in the so-called Great East Asia War. The chapter focuses particularly on the ways in which this imperial project was fuelled by (and opposed by) the development of modern industries and political ideas. One key feature of this period was the way in which certain influential intellectuals and political leaders sought to define Japan's wars as attempts to overcome the modern.

Chapter 4 is concerned with the end of World War II, the Allied Occupation, and Japan's rapid economic growth in the postwar period. It discusses the various social and political reforms that were made at that time, with a particular focus on the ways in which Japanese society and culture sought to make sense of the new postwar reality, perhaps moving towards a postmodern identity.

Chapter 5 is a discussion of Japan's identity and role in the post-Cold War world, with a focus on the critical question of Japan's capacity and will to resolve the issues of its imperial legacy and its 'victim consciousness'. These remain 'living issues' in contemporary Japan and determine its quest for 'normalcy' in the international system.

Finally, an epilogue looks at what it means to live in Japan at the start of the 21st century.

Chapter 1
Japan's encounter with the modern world

At first glance, the origins of modern Japan seem to coincide conveniently with the dramatic arrival of US Commodore Perry in 1853. Before his arrival, Japan looked like a feudal monarchy that had been hiding in self-imposed isolation from the world for 250 years; within 50 years of his visit Japan had literally undergone a revolution – it had a modern, industrial economy, a constitutional government, and the beginnings of a colonial empire. To many commentators, this astonishingly rapid transformation was occasioned by Japan's shocking encounter with the superior technology and power of the Western nations. In this version of the story, Perry broke traditional Japan and forced it into the modern world. However, as we will see in this chapter, the reality is not so simple.

The arrival of Perry

After the annexation of Texas in 1845, the war with Mexico, and finally the incorporation of California into the Union in September 1850 during the so-called 'gold rush', the USA was expanding westwards energetically. The imperial ambitions of the USA and its desire to compete with Great Britain for lucrative trade opportunities in Asia encouraged it to look even further west across the Pacific Ocean to Japan. In this spirit, the arrival of Commodore Matthew Perry with his four fabled 'black ships' in July 1853 seemed like a natural step in the process.

Perry was famous in naval circles for his passion for modernization, and particularly steam-powered ships; even before he had made his first, famous trip to Japan in the *USS Mississippi* he had already earned the epithet 'the father of the steam-navy'. It is not without significance, therefore, that it was the presence of four black steam-ships that intimidated the local government officials in Uraga Bay (near Edo, present-day Tokyo) to take the unprecedented step of allowing Perry to come ashore and present a letter from US President Millard Fillmore. Until that time, an official policy of isolationism (*sakoku*) meant that foreigners had been forbidden from the mainland of Japan, with only a small number of Dutch traders permitted to stay on the tiny, artificial islet of Deshima near the outlying city of Nagasaki since 1641. The letter contained a series of demands for more open trade with Japan, and Perry left Uraga with the ominous promise to return the next year with a more substantial naval force, ready to force compliance if it was not forthcoming.

In fact, the USA was a later comer: European ships had been trying to crack open Japan for at least the previous 50 years. Russian vessels started to show interest in the northerly island of Hokkaido as early as 1792. Already developing a serious stake in China, the British sailed to Uraga Bay in 1818 to make a half-hearted request for the opening of trade relations, but their advances were rejected. In 1825, the shogunate government, or *bakufu*, became so concerned about the appearance of foreign vessels that it issued the order that coastal warlords should expel foreign advances by force if necessary, and in 1837 a US merchant ship was shelled. Indeed, for the first 50 years of the 19th century, the *bakufu* really believed that it could keep the Western world out. It was not until an emissary of the Dutch King William III in 1844 tried to explain to the shogun that the world had changed since the expulsion of the Europeans in the 17th century that the *bakufu* really started to rethink its place in the world. Comprehensive British victories over China in the so-called Opium Wars in 1842 seemed to prove the point. If the British could humiliate the colossus of China so effectively, how could the smaller and more peripheral nation of Japan escape a similar fate? Lest they provoke serious military retaliation from the Western powers, the *bakufu* quickly rescinded its order to fire on foreign vessels. It was in this context that Perry first arrived in Uraga Bay.

When Perry returned with nine ships in February 1854, he found government officials willing to sign the Treaty of Kanagawa (31 March 1854). This treaty opened the ports of Shimoda and Hakodate, and also provided for the stationing of the first US consul on mainland Japan; Townsend Harris would take up this post in Shimoda in July 1856. The Treaty of Kanagawa opened the floodgates, and the European imperial powers quickly secured similar deals: France, Britain, the Netherlands, and Russia all signed new treaties in the wake of Perry's return.

By 1858, the so-called Unequal Treaties regime was firmly in place: without a shot being fired, Japan found itself in a similar position to China after the Opium Wars (with the notable exception that the Western powers agreed to prohibit opium trade with Japan). Japan had lost control of its tariffs, had opened its borders to trade and commerce with the West, and had even granted the privilege of extra-territoriality to the Western powers (which meant that foreign nationals were exempt from Japanese law even on Japanese soil). Rather than being justified by military defeat, however, these measures were imposed on Japan on the basis that it was not an equal member of international society – it was not a modern, industrial, constitutional polity. As we will see, this humiliation was itself a powerful force fuelling the development of a strong sense of nationalism in late 19th-century Japan, as well as a key factor driving the revolution to come. At all costs, Japan sought to end the Unequal Treaties.

It is important to note that it would be an exaggeration to argue that these humiliations damaged a coherent or pre-existing sense of national pride in Japan, since prior to the mid-19th century Japan was a relatively divided, fragmented, and non-centralized territory, knitted together by bonds of loyalty, military dependency, and religious imagery. Indeed, in many ways, the humiliation of the Unequal Treaties was fundamental in the process of creating a modern sense of national consciousness in Japan.

The significance of the modern, industrial power of Perry's fleet in these events should not be underestimated. Indeed, the image of the 'black ships' quickly became iconic in Japan, representing the menace of Western power as well as the threat of traditional Japan being overcome by the cultural and technological force of modernity. An intriguing anecdote concerning Perry's return to Japan in 1854 illustrates this point: contemporary accounts describe the way in which the Japanese officials arranged for a sumo contest to be staged for the American officers, presumably in an attempt to intimidate the foreigners with the power and martial spirit of the Japanese. However, the US delegation is reported to have been singularly unimpressed by the spectacle, finding the performance laughable. For their part, the US delegation assembled a 100-metre circle of track and made a gift of a quarter-scale steam locomotive for the Japanese officials to ride. It is a testament to the astonishing impact of industrial technology that this toy train was far more intimidating than the primal power of sumo wrestling.

Perry had probably been aware of the effect that his black ships and his little locomotive would have. Before embarking on his mission, Perry had read much of the available literature about Tokugawa Japan, and he is even thought to have

2. Commodore Perry's paddle-steamer arriving in Uraga Bay in 1853, shown in woodblock print

consulted with the famous Japanologist, Philipp Franz von Siebold, who had lived in the Dutch enclave on Deshima for eight years before returning to Leiden in the Netherlands. Nonetheless, information on the secretive and isolationist nation was scarce. Only a tiny number of Westerners had any first-hand knowledge of Japan, and even those who did (like Siebold himself) had only limited exposure to the real social and political circumstances of the unfamiliar land. Orientalism was rife; the romance of the 'mystical East' coloured most accounts. Western accounts of Japan in the early 19th century portrayed it as a feudal kingdom, untouched by the hands of industry and modernity. Most accounts also mentioned how favourably Japan compared to the other 'barbarian peoples' encountered by the European imperialists in Asia and Africa: the Japanese were apparently cultured, clean, and unfailingly polite. Townsend Harris, for instance, famously described Japan as the embodiment of a golden age of simplicity and honesty.

Perry's information was flawed in a number of very important ways. Consider the fact that while Perry knew that Japan was an imperial polity, presided over by an emperor (usually known as the 'Mikado' in the West at the time), he was not aware of the difference between the emperor's court and the shogun's *bakufu* government. Indeed, Perry left Japan in 1854 believing that he had signed a treaty with agents of the emperor, when in fact he had been received by the *bakufu*. This difference was significant and had serious repercussions for the course of modern Japanese history; the institution of the *bakufu* was one of the key characteristics of the Tokugawa political order, setting it apart from the types of feudal monarchy that characterized European history. Even in the late 1850s, US Consul General Townsend Harris persisted in addressing the shogun as 'His Majesty the Emperor of Japan'.

If Perry was confused about something as fundamental as the identity of the sovereign of Japan, about what else might he have been under-informed? In other words, what were the actual characteristics of the Japan that Perry encountered in the 1850s, and was it really as pre-modern as he thought?

The unification of Japan and the making of Pax Tokugawa

Most of the institutions that characterized Japan in the mid-19th century were established at the start of the 17th century by the founders of the Tokugawa regime, after whom the period was named: Tokgugawa Ieyasu, who finally unified Japan following the epic battle of Sekigahara in 1600; and Ieyasu's grandson, Tokugawa Iemitsu, who ruled as shogun from 1623 to 1651.

The Pax Tokugawa followed a long period of internecine warfare called the *sengoku-jidai* (period of the country at war), which began with the Ônin War (1467–77), when the ancient capital of Kyoto was sacked, and continued until the unification and pacification of Japan by the 'three unifiers', Oda Nobunaga, Toyotomi Hideyoshi, and then Tokugawa Ieyasu, who set up his seat of government in Edo (present-day Tokyo) in the early years of the 17th century. During these centuries of near-constant warfare, Japan witnessed the rise to dominance of the samurai warrior class and their daimyo lords, as well as the agitation of warrior-monks from various Buddhist temples.

The bloody process of unification began with Oda Nobunaga's ruthless expansion from his home province of Owari (near present-day Nagoya). Nobunaga is usually portrayed by historians as brutal and self-interested, and it is certainly true that he violently suppressed the neighbouring villages and destroyed innumerable Buddhist temples, burning their ancient libraries and murdering the monks and their supporters.

However, it would be wrong to present Nobunaga entirely as a brutish tyrant. He established a pattern of loose, feudal rule over semi-autonomous regions combined with semi-centralized, bureaucratic mechanisms of taxation that set the tone for the next two and a half centuries. In addition, he began the process of disarming the peasants and hence of institutionalizing the social and political divide between the samurai class and the rest of Japan. Nobunaga's successor, Toyotomi Hideyoshi, would build directly on this move by instigating a nation-wide 'sword hunt' in 1588. By the early 17th century, it became illegal for anyone other than a member of the samurai class to carry a sword; wearing two swords became the unique privilege and emblem of the samurai minority.

In an unprecedented step, Nobunaga rejected the title of shogun, which had traditionally been bestowed by the emperor since Minamoto Yoritomo received the title in 1192, inaugurating the Kamakura *bakufu*. By making this stand, Nobunaga wished to demonstrate that he was not subordinate to the emperor in Kyoto (that is, he was not the emperor's 'barbarian subduing generalissimo'), but rather that he was related directly to the land of Japan (or *tenka* – the domain under heaven) without the need for mediation by the imperial household. In other words, Nobunaga wanted Japan to acknowledge his right to rule based on a kind of *realpolitik* (that is, his *power* to rule should itself be sufficient to *legitimize* his rule), rather than on any religious or mystical endorsement by the relatively powerless imperial court. Very quickly, however, this radical possibility was closed down by Nobunaga's successors: Tokugawa Ieyasu accepted the title of shogun from the emperor in 1603 as a way to stabilize and legitimize his new regime. In the end, Pax Tokugawa did rest upon the sanction of the emperor.

Nobunaga's successor, Toyotomi Hideyoshi, was a self-made leader of men who had been in his service since about 1557. Without being high-born, Hideyoshi rapidly rose to prominence through his strategic brilliance, and he firmly consolidated the achievements of Nobunaga by building an elaborate system of alliances. By the 1590s, Hideyoshi was the undisputed master of a nation-wide federation of daimyo, each bound to him by oaths of loyalty, gratitude, debt, and fear. He administered the realm together with a group of trusted lieutenants, who kept track of the sprawling federation and the many pledged warlords. However, the successful accomplishment of this unprecedented matrix of alliances risked undermining itself, since it was premised at least partially upon the distribution of reward and punishment during war. Hideyoshi worried that the outbreak of peace threatened to cause the collapse of the loyalty system: in the absence of battle-spoils for his retainers, what was the basis of Hideyoshi's legitimacy? Unlike Nobunaga, Hideyoshi actively sought the title of shogun from the emperor to bolster his legitimacy. However, his advances were rebuffed. In a final attempt, Hideyoshi asked the deposed Ashikaga Yoshiaki (who had retained the empty title of shogun even after being driven from his court by Nobunaga) to adopt him so that he could inherit the title. Yoshiaki also refused. In the end, Hideyoshi received the title of *kampaku* (advisor to an adult emperor), which was originally held by the Fujiwara family.

We can see that Hideyoshi was engaged in the complicated and delicate politics of *power* versus *authority* that had existed between the military leaders of Japan and the imperial court for many centuries. Indeed, the problems of this political arrangement would persist under the surface of the Tokugawa Peace and would resurface violently in the events that followed the arrival of Commodore Perry in the 19th century. In some ways, as we will see later, this dynamic can be seen all the way through to the Pacific War in the first half of the 20th century. In contemporary Japan, the role and status of the emperor is legally clarified by the postwar constitution, and yet the institution (now the only emperor on the planet) is still invested with great prestige and symbolic authority over the legitimacy of the government (which is now responsible to the sovereign people, not the emperor).

In the apparent absence of the symbolic legitimacy and stability that he craved, Hideyoshi tried to mobilize the collective forces of 'Japan' by launching invasions of Korea in 1592 and 1597. It is important to realize that these invasions were not modern, national wars of the kind seen in Europe after the French Revolution, but rather they were crusades by samurai forces who expected to profit from the adventure: there was no national Japanese army, and the vast majority of the population had been systematically disarmed during the 'sword hunts'. Hideyoshi realized that the loyalty of some of the daimyo and their samurai was premised upon a flow of war-spoils. However, the invasions were disastrous. Rather than bolstering his position, the failures left his family's coffers depleted and undermined his status as an unassailable general, opening the door for the eventual ascension of Tokugawa Ieyasu. Nonetheless, Hideyoshi's abortive invasions underline the tendency for emerging states to redirect domestic discontent to overseas adventures. In the case of Japan, as we will see again at the turn of the 20th century, the first target for such expansionism has usually been Korea.

Hideyoshi's concern with the foreign was also manifested in his treatment of the Jesuit missionaries that had started to proselytize in Kyûshû in the mid-16th century. Whilst Nobunaga had been relatively accommodating of Christians, perhaps because of his opposition to the power of Buddhist temples and his dismissal of the religious importance of the emperor, Hideyoshi found the presence of these Europeans suspicious and threatening, especially following the Spanish conquest of the Philippines. In 1597, Hideyoshi turned his wrath against the Jesuits, crucifying a number of missionaries and Japanese converts before expelling the Christians from Japan in 1598. This move foreshadowed the famous *sakoku-rei* (closed-country edict) of 1635, which remained in force until the arrival of US Commodore Perry. The edict banned Catholicism as a dangerous, subversive ideology. It forbade all Japanese subjects from leaving Japan and outlawed contact with all European powers except the Dutch (in their tiny trade enclave on Deshima islet, Nagasaki). The edict also restricted contact with Japan's neighbours, at least in principle (if not in practice) limiting trade with China to passage through the island chain of the Ryûkyû Kingdom (present-day Okinawa) and with Korea to the tiny island domain of Tsushima. Whilst it would be an overstatement to say that *sakoku* completely isolated Tokugawa Japan from the outside world, it drastically reduced Japan's knowledge of Europe at precisely the moment when the Enlightenment movement began, kick-starting the development of modern science and philosophy.

After Hideyoshi's death in 1598, his lieutenants were unable to maintain stability, since the complicated system of alliances that unified Japan was tied together in the person of Hideyoshi himself. As a result, there was a fight for succession. In the end, it was Tokugawa Ieyasu who emerged supreme after the epic battle of Sekigahara in 1600, which set his own forces and those of his allies against the combined forces of his challengers, who remained loyal to the house of Toyotomi. Within three years of his victory, Ieyasu was offered the title of shogun by the emperor, and he accepted. While the emperor remained secluded in his palace in the official capital of Kyoto, the Tokugawa *bakufu* ruled a peaceful Japan from its seat of power in Edo from 1603 to 1868. Once granted by the emperor, the position of shogun became hereditary, which is why the era is named after the Tokugawa family (or sometimes after the seat of their government, Edo), and it was this government that received Commodore Perry in 1853 and 1854.

The contours of Pax Tokugawa and the genesis of modernity

The social and political contours of the Tokugawa regime were determined largely by Ieyasu and by his grandson, Iemitsu. In an attempt to end the condition of warfare that had wracked Japan for centuries, they sought to institutionalize solutions to Japan's long-standing political problems, which at that time were largely of an interpersonal and hierarchical nature: the relationship between the emperor and the shogun; the relationship between the shogun and the daimyo; the relationship between daimyo and their samurai vassals; the relationships between the samurai and the rest of the population; and hence the relationship between the population of Japan and the shogun.

The institutional solutions formulated by the Tokugawa are usually grouped under the label *bakuhan taisei*, which was ostensibly a feudal political structure linking the *bakufu* (tent/military government) with the *han* (domains ruled by daimyo) in a single *taisei* (system). However, the question of whether this system was genuinely feudal remains contested. One of the key issues in this debate, which has relevance for the modern period, concerns the dynamic between the emperor and the shogun: it is unusual for a feudal system to accommodate two separate institutional authorities at its apex – imperial authority and shogunal power. This tension was a characteristic source of instability in Japanese history.

Ieyasu resolved the tension in a very practical way: rather than merely accepting that the legitimacy of the *bakufu* was premised upon the patronage of the imperial court (hence implying the relative inferiority of his shogunate), Ieyasu made it very clear that the court was completely reliant on the *bakufu* for its very existence. This reliance went beyond the original mandate of the first shoguns (that is, to be the emperor's sword in the protection of the realm): in the early-modern world, the imperial court risked impoverishment and collapse – it actually depended upon the Tokugawa for economic support for its own subsistence.

There was no question that Ieyasu would let the imperial court vanish; instead he bought it into his service. By providing the court with funds (and leaving it in Kyoto, far away from his new government in Edo), he was able to increase its grandeur and status, but also to further emphasize its basically symbolic nature, further marginalizing it from actual power. At the same time, he could employ the emperor's reliance on the *bakufu* to bolster his own legitimacy. In return for this support, the court effectively surrendered the last vestiges of its authority, even its powers in the realm of the award of imperial honours. In many ways, the Tokugawa regime transformed the imperial house into a kind of modern, constitutional monarchy (although Japan was without a constitution until 1868, and the 1868 constitution granted the emperor far more power than he enjoyed during the Tokugawa regime).

In fact, Ieyasu was not satisfied with this surprisingly modern structure, and he took measures to give the shogunate its own religious and spiritual legitimacy, independent of (and even in competition with) that of the imperial house. He established new religious sites near Edo (such as his own shrine in Nikkô), which gradually became sites of national worship with status equal to the traditional imperial shrines, including the great shrine of Ise. Indeed, imperial officers were required to pay their respects at these Tokugawa shrines without any special privileges. Like Nobunaga before him, Ieyasu wanted his *bakufu* to be related directly to the *tenka* (realm under heaven) without the necessary mediation of the imperial house. The Tokugawa regime not only subordinated the emperor as a tool of their polity, but it also embarked on the process of building a national consciousness that did not require the emperor at all. To some extent, these two processes contradicted each other, and the Pax Tokugawa never succeeded in developing a non-imperial national consciousness; it was this failure that in turn provided an important condition of the possibility for the revolutionary turmoil of the 19th century.

Having reached a stable resolution of the question of the relationship between the emperor and shogun, the next issue concerned the relationship between the shogun and the daimyo lords. In practical terms, this was probably the most important and pressing issue after Sekigahara, since any system of government that failed to reliably incorporate (and satisfactorily placate) the warlords would be doomed. To this end, Ieyasu adopted a mixed approach of rewards and punishment, drawing in and empowering those who had demonstrated their loyalty to him at Sekigahara (the so-called *fudai daimyo*), while pushing out and disempowering those who had stood against him (the so-called *tozama daimyo*). In practice, this meant moving daimyo out of their traditional domains (and hence cutting them off from their grass-roots power bases), confiscating the lands of many lords, reallocating large tracts to the Tokugawa family itself, and giving the rest to a much smaller group of daimyo. The result was a new distribution of about 180 daimyo, each of whom had sworn an oath of loyalty to the Tokugawa. These daimyo were forbidden from establishing more than one castle per domain, and they were also forbidden from forming alliances with each other; on a formal level (even if not in practice) they related to each other only through the national institution of the shogunate. The *fudai daimyo* were lords of the domains closest to Edo and Tokugawa lands, while the *tozama daimyo* tended to be focused around the periphery, such as in the outlying lands of Satsuma and Chôshû.

In this way, Ieyasu protected himself, but this was at the cost of the ability to closely monitor those daimyo who were most likely to resent his power. In an unfortunate combination of factors, these were also the domains most likely to encounter (and trade with) foreign powers. Despite his attempts, Hideyoshi had not managed to eradicate all the Christians in Kyûshû, and Iemitsu's *sakoku-rei* did not cut off all contact with the outside world. By the 19th century, Satsuma and Chôshû in particular would greatly increase their power in Japan through their relative openness to learning from overseas.

In practice, this process of centralization was weak, which was partly a deliberate ploy to reduce opposition to the centralization process, but it was also because the levels of centralization typical of a modern nation-state were as yet unthinkable in Japan. Importantly, the regional domains retained a high degree of fiscal autonomy: although daimyo were obliged to make contributions to public works and other costs, there was no consistent or centralized tax regime. Hence, wealth disparities around the realm were significant. However, the Tokugawa regime imposed one extremely important financial (and strategic) burden on all the daimyo. In the late 1630s, Tokugawa Iemitsu implemented the *sankin kôtai* system of 'alternate attendance', which obliged every daimyo in Japan to maintain residences in Edo as well as in their home domains. Furthermore, daimyo were actually required to reside in Edo every other year, and their immediate family had to stay there permanently. Although their conditions were good, the family of daimyo were effectively hostages in Edo.

The *sankin kôtai* system had a number of important effects on the development of modern Japan. In the first instance, the requirement to maintain two major residences, often at great distances apart, combined with the requirement to 'process' with full entourage from one to the other every year, acted as a severe drain on the coffers of the daimyo, effectively checking the growth of their autonomous power. In addition, the hostage system discouraged dissident daimyo from moving against the Tokugawa, even if they could afford it. The stabilizing influence of these factors should not be underestimated, especially in the early years of the Tokugawa period when the legacy of centuries of warfare was still relatively fresh in the minds of some of the warlords. In the long term, however, the financial impact of this arrangement would cause great social and political tension, which would contribute to the decline of the Tokugawa regime even before the arrival of Perry.

Another vital consequence of *sankin kôtai* was the way that it encouraged the development of a sense of 'nation', perhaps for the first time in Japan. All the daimyo, no matter where they were from and no matter what their beliefs, had to spend half of their time in Edo – consolidating the status of that city as the effective capital of Japan (even while Kyoto continued to hold that distinction in theory). And they were obliged to do so by a *national law*. Hence, *sankin kôtai* not only encouraged daimyo and their retinues to identify with a national unit of organization, but it also reinforced the fact that the central authority in that unit was the secular institution of the *bakufu* rather than the traditional and sacred authority of the imperial house. In addition, being away from their home domains for 50% of their time greatly reduced the affinities between the daimyo and their traditional local support networks. Daimyo – the *regional* lords – gradually became *national* figures.

An important side-effect of the *sankin kôtai* system was that it riddled the fragmented country with transport routes and trading possibilities. The yearly processions of daimyo and their retainers threaded together the economies of the domains through which they passed, resulting in the rapid growth of market towns and trading stations as well as the development of one of the most impressive road networks in the world. Most spectacular of these successes was the explosive growth of Osaka along the famous Tôkaidô highway that linked Kyoto to Edo, as well as the construction of the Nakasendô highway through the Japan Alps. In a very real sense, the *sankin kôtai* system kick-started the development of a national market economy that saw dramatic growth through the 17th century and laid the foundations for rapid economic modernization in the 19th century.

The geographical mobility encouraged by the system of alternate attendance also began a process of urbanization. By the end of the 17th century, Edo was the largest city on the planet, with a population in excess of one million. Present-day Tokyo remains one of the world's largest cities, with a metropolitan population of over 35 million. The provincial cities of Kyoto and Osaka were about the same size as London or Paris at that time, with about 350,000 people. Osaka remains Japan's second largest city in the present day. Overall, about 10% of the Japanese population lived in cities of a substantial size at the end of the 17th century, making it one of the most urbanized countries in the world. Not only that: fuelled by a new social stability (and the end of constant warfare), increasing domestic trade, increasing literacy, and advances in farming techniques, Japan's population actually doubled during the 17th century, reaching approximately 33 million by the turn of the 18th century. By comparison, at that time the population of Britain was about 5 million, and it would not reach 30 million until the second half of the 19th century.

This level of growth was unsustainable in Japan, at least partly because the domestic market was severely hampered by the islands' poor natural resources, and especially by the fact that the *bakufu* had isolated itself from open trade with continental Asia, let alone with Europe. The result was economic and demographic stagnation, and there was zero growth for the last century of the Tokugawa period. Hence, by the time of the second arrival of the West, as part of the so-called second stage of globalization, Japan had developed little more than the seeds of capitalism and, despite its great cultural and artistic achievements, it was basically an economic backwater in the 19th century. In fact, the 18th and early 19th centuries witnessed mass famines, rising rates of infanticide, and increasing social unrest: Japan was teetering on the brink of crisis and revolution even before the arrival of Perry. In contrast, in the same period Britain's population had soared to match that of Japan, and its industrial, imperial economy spanned the globe hungrily.

An increasingly nationalized sense of space, and thus a new degree of geographical mobility, was not matched by social mobility between classes in Tokugawa Japan. Indeed, one of the most powerful features of Tokugawa society was the establishment of the so-called *shi-nô-kô-shô* system of stratification that determined the status and functions of the vast majority of the population, as well as their relationships with the daimyo. This four-tiered structure enshrined the samurai (*shi*) at the top of the hierarchy, with farmers (*nô*) next in terms of status, then artisans (*kô*), and finally merchants (*shô*) at the bottom. One's place in this hierarchical system was determined by birth, and mobility thereafter was extremely difficult if not impossible. The system was justified in Confucian terms by the Tokugawa regime's formative ideologues, such as the neo-Confucian Hayashi Razan.

Confucian principles emphasized the importance of piety and loyalty, and in particular the proper designation of roles within society. The ruler and the ruled stood in a rational and natural relation to each other, just as heaven reached over earth, or as a father ruled over his son and the son owed filial piety to his father. These relationships were held to be inalienable parts of the natural order, and thus not open to being challenged by the will of man. In the context of the fledgling Tokugawa regime, this appeal to stability was very useful, and it helped to justify the rigidity and lack of social mobility in the *shi-nô-kô-shô* system. In particular, Hayashi Razan would argue that the loyalty of the people was owed to the shogun (rather than to the emperor, whom he depoliticized), effectively rendering the shogun as the father of the nation. In other words, the Tokugawa regime utilized a nationalized and rational model of political obligation – on the world stage, it was one of the most 'modern' societies of the time.

The so-called 'Tokugawa ideology' also drew elements from Buddhism. Indeed, after Hideyoshi had broken the back of the military power of a number of Buddhist temples at the close of the 16th century, Tokugawa Ieyasu and then Iemitsu brought the Buddhist establishment back into the fold by obliging all commoners in the land to register with a Buddhist temple. Tokugawa patronage of Buddhism was, perhaps unintentionally, a way of off-setting the sacred position of the emperor in the religion of Shintô, the indigenous religion of Japan, which finds its textual roots in the *Kojiki* (c. 712), according to which the emperor is a direct descendant of the Sun-Goddess, Amaterasu-ômikami, and hence should be revered as a living god. From the point of view of the social order, however, Buddhism (and especially Zen Buddhism) had another role to play: through the influence of thinkers such as Suzuki Shôsan, principles of stoicism and non-discrimination promoted stability and discouraged dissent and resistance within the *shi-nô-kô-shô* system. In particular, Zen became very popular amongst the samurai, who found themselves without a military role in Japanese society for the first time in centuries. Indeed, the close association of Zen with the samurai that is so commonplace in present-day novels and movies is really premised on the way in which samurai turned to this religion after the outbreak of peace; samurai-zen was never really a feature of the earlier *sengoku-jidai* when the samurai were at war.

By the 18th century, however, the Tokugawa social system was beginning to become a victim of its own success. Stability began to look like sterility, and the problem of how to accommodate and even encourage social *change* became very important. In particular, as the economy faltered, social commentators began to notice the increasing poverty and suffering in both the cities and rural areas. The emerging cities were unhygienic and the countryside was speckled with famine and starvation, where the toil of the farmers (who represented 80% of the population) only seemed to increase. Meanwhile, the emerging merchant class was gradually becoming wealthier, despite its ostensible position at the bottom of the social hierarchy. At the same time, the samurai, who were basically cost-centres in the Tokugawa system, were bleeding their traditional financial means; despite being at the top of the status system, they were rapidly losing the affluence required to demonstrate it. In addition, without war to demonstrate their worth (and their alleged stoic values), the samurai were losing the respect of the rest of the population. Because the status of samurai was determined based on heredity (about 6% of the population) rather than merit, resentment about incompetence was increasingly widespread, until 'the ability of a samurai' actually became an insulting phrase. This process was exacerbated by the apparent duplicity of the samurai, who frowned upon the mercantile values of the emerging urban classes, but who were themselves the most ostentatious patrons of the so-called *ukiyo* (floating world) – the rapidly growing pleasure districts in the cities. Ironically, the patronage of the samurai helped to fuel a tremendous explosion in artistic development: some of the most famous art forms of early-modern Japan find their origins in this period, especially *ukiyoe* (pictures of the floating world) and *kabuki* theatre, with the latter serving a double function as the home of actresses qua courtesans. The denizens of the *ukiyo* were technically outside the *shi-nô-kô-shô* system, since they represented new commercial and artistic occupations that could not easily be placed into one of the traditional categories. These pleasure districts remain colourful parts of Japan's major cities to this day, and the cult of celebrity is more powerful than ever in contemporary Japan.

For some contemporary commentators, such as the famous political theorist Maruyama Masao, the difficult circumstances of the 18th century actually provided the ground for the seeds of a Japanese modernity to be sown. Maruyama and others point in particular to the work of Ogyû Sorai, a pioneer of so-called *kogaku* (ancient learning). Sorai represented a serious challenge to the neo-Confucian orthodoxy, albeit from within a Confucian framework. He agreed that the basis of correct thinking and conduct could be found in the ancient Chinese classics, but he argued that clinging to the letter of these texts in a static or conservative manner was a mistake. He argued that it was the historical function of great leaders to interpret and adjust the implementation of these texts, based on sound scholarship into the original texts but also based on the particular circumstances of the present. In other words, Sorai argued that even a Confucian political system should be dynamic and adaptable to the changing needs of society, and that clinging to the past simply for the sake of maintaining a previously stable model was morally wrong. Whilst it would be quite wrong to suggest that Sorai was calling for the *bakufu* to become a responsible and responsive modern government respecting the social and political rights of the population of Japan, some historians have maintained that his arguments prepared the ground for these developments in the modern period.

A particular target of Sorai's critique was the persistence of what he considered to be anachronistic social practices, such as the pompous attitudes of the samurai towards the rising merchant class. Indeed, the role of the samurai in Tokugawa society was a central concern, since the continuing existence of their class was increasingly difficult to rationalize. A straw in the wind after 1702 was the so-called Akô Incident, otherwise known as the revenge of the 47 *rônin* (masterless samurai). In this famous story, which is now a national legend in Japan, 47 samurai avenged the death of their daimyo master (the Lord of Akô) after he was forced to commit *seppuku* (suicide by self disembowelment – also known more vulgarly as *hara-kiri*, or cutting the stomach). Despite the fact that the Tokugawa regime had strictly banned vendetta killings, the loyal samurai plotted their revenge for 22 months, knowing that they would meet their own deaths whether or not their plot succeeded. Eventually, the *rônin* executed their plan and assassinated the daimyo responsible for the death of their lord. They then turned themselves in to the authorities and voluntarily performed *seppuku* as punishment for their crime.

This case caused a great deal of controversy at the time, and it has remained an important part of Japan's national identity into the modern period. For Sorai, no matter what the chivalrous merits of the 47 *rônin*, their actions betrayed an anachronistic sense of loyalty to one's daimyo rather than to the laws of the land. The 47 *rônin* were icons of a pre-national age, and they demonstrated how the traditional values of the samurai class might be an obstacle to the modernization of Japan. However, for other sections of the population (including various other samurai), the actions of these *rônin* represented the ideals of *bushidô* (the way of the warrior) and demonstrated that the traditional values of loyalty, sacrifice, endurance, and honour had not been eradicated by the Tokugawa Peace. Indeed, the Akô Incident quickly became one of the most popular topics in Japanese culture, inspiring *kabuki* and *bunraku* playwrights as well as artists until the present day. Arguably Japan's greatest playwright, Chikamatsu, wrote the most famous version of the play, *Chûshingura*, and Japan's greatest *ukiyo-e* artists all produced picture series based on the story: Hiroshige, Hokusai, Kunisada, and of course Kuniyoshi. In contemporary culture, there

3. *Rônin* dressed as police, shown in a scene from the play *Chûshingura*, woodcut, *c.*1804–12

are movies, novels, manga (graphic fiction), anime, and even video games devoted to the legend, and the graves of the *rônin* have become major tourist attractions.

In other words, the tension between traditional and new social values that is commonly associated with the process of modernization was already an important feature of Tokugawa society at the start of the 18th century. Romantic images of the samurai as stoic, honourable retainers willing to lay down their lives for the sake of their lords became the stuff of popular culture, not only for the consumption of the masses but also for the samurai themselves. But these ideals stood in stark contrast to the actual experience of life in Tokugawa Japan: most samurai had never drawn their blades in combat; vendettas were banned; loyalty was expected to be focused on the shogun and the *tenka* rather than local lords; urban samurai were increasingly decadent consumers, while rural samurai rapidly lost their status. For many, the samurai were a burden rather than an icon of society. Ironically, then, while the Akô Incident risked undermining the social order for a brief moment, in practice it quickly became an important element in the construction of a modern national consciousness.

Bakumatsu and the Meiji Restoration

So, when Commodore Perry arrived, Japan was a complicated and conflict-ridden society. It had many of the features of a modern nation, with a nation-wide state apparatus under the secular control of the *bakufu* in Edo, which in turn relied on the religious authority of the imperial house in Kyoto for part of its legitimacy. After centuries of peace and relative stability, Japan had a sophisticated domestic market economy, albeit one that remained partially outside the regional, Asian system. Its national culture was blossoming, especially in the large, well-organized cities of Edo and Osaka. However, the ideological and economic foundations of the regime were crumbling, and social tensions simmered between the classes in the anachronistic and rigid stratification system. The *bakufu* had no centralized or coherent taxation system, no system of national mobilization of force, and only limited ability to control the relations of the semi-autonomous domains with the outside world. In other words, Perry found a nation in the throws of a process of modernization that had been frustrated from the outset by a polity deliberately designed to promote stasis and stability – a polity on the point of revolution. Historians have labelled the period between 1853 and 1868 the *bakumatsu* – the end of the shogunate.

Perry's arrival acted as a catalyst in the volatile mix, triggering and framing a series of events that finally culminated in the overthrow of the *bakufu* and the installation of the emperor as the sovereign of a modern, constitutional state. After over two centuries of carefully cultivating its political supremacy in Japan and of isolating the imperial court as a symbolic functionary, perhaps the most inexplicable acts in this series of events were orchestrated by the *bakufu* itself: first, after Perry's first visit in 1853, the chief councillor of the *bakufu*, Abe Masahiro, took the unprecedented step of asking the daimyo for their views on how to respond to Perry's ultimatum. Whilst his intention may have been to build a national consensus, which was certainly important in the face of the threat, the effect was rather to suggest that the *bakufu* lacked the necessary powers of leadership at this critical moment. The result, in fact, was that Abe was forced to resign. There was no consensus, and a powerful faction of anti-foreign daimyo emerged onto the national stage, already talking about the potential role of the emperor as a stronger national leader at such a time of unprecedented crisis.

The second event was even more astonishing: after Perry's return and the installation of Townsend Harris as US Consul in Shimoda, discussion turned to the matter of a trade agreement. At that time, the shogun, Tokugawa Iesada, was sick and dying, and the question of his succession was also in the air. Abe's successor, Hotta Masayoshi, had the difficult job of negotiating solutions to these twin problems. Together with the daimyo of the *fudai* domains, Hotta wanted to accept Harris's trade agreement and also to appoint the malleable 12-year-old Tokugawa Iemochi, heir to the domain of Kii – a Tokugawa branch family. Unfortunately, buoyed by the apparent weakness of the *bakufu* at this difficult time, the *tozama* daimyo (most notably Satsuma), together with some other anti-foreign domains (such as Mito, which was actually a branch of the Tokugawa family), held the opposite opinions on both issues, wanting to reject the treaty and to appoint Tokugawa Yoshinobu (the son of the powerful Mito daimyo, Tokugawa Nariaki).

In response to the conflict, Hotta took the astonishing step of travelling to Kyoto to ask Emperor Kômei to ratify Harris's treaty and to confirm the *bakufu*'s choice of shogunal hier. For the first time in centuries, the emperor was drawn into the heart of political decision-making. Unfortunately for Hotta, the emperor turned out to have outspoken anti-foreign views, and to be a supporter of Tokugawa Yoshinobu; the increasingly imperialist daimyo of Satsuma and Mito had already been at Kômei's ear. Humiliated, Hotta returned to Edo having radically undermined the legitimacy of the Tokugawa *bakufu*, and with a directive from the emperor that contradicted the wishes of the shogunate. He resigned.

Despite a crackdown by Ii Naosuke, Hotta's successor, the damage to the legitimacy of the *bakufu* had already been done, and it was not possible to get the genie back into the bottle. Ii's uncompromising actions against the radical daimyo succeeded only in further alienating the anti-foreign factions, pushing them further towards an anti-*bakufu* and pro-imperial position. Within two years, a group of samurai from the Mito domain had assassinated Ii in the heart of Edo, and thereafter the *bakufu* was intimidated into being as accommodating as possible. In 1862, for instance, the shogun finally cancelled *sankin kôtai* and requested the daimyo to use the money they saved to contribute to the defence of the nation by building up their own regional military forces. Whilst this may have been intended as an accommodation, the effect was to politically decentralize Edo, to remove one of the heaviest financial burdens on the restive daimyo, and simultaneously to actually encourage these daimyo to build powerful private armies. Tokugawa's pretence of national unity was crumbling.

By the 1860s, then, the *bakufu* was under threat from three different directions at once. First, there was the challenge to its rule from the increasingly discontented and increasingly unrestrained *tozama* daimyo. Second, there was a genuine risk of social uprising from young samurai, or *shishi* (men of purpose), who called themselves 'loyalists' because they aimed to reinstate direct imperial rule in Japan, believing that the *bakufu* had illegitimately usurped the emperor's position. In practice, these *shishi* tended to be found in the *tozama* domains, especially in Satsuma and Chôshû, although some could be found in more central areas such as Mito. They rallied under the slogan *sonnô jôi* (revere the emperor and repel the barbarians), but under the leadership of samurai intellectuals such as Yoshida Shôin (from Chôshû) and Sakamoto Ryôma (from Tosa) the *shishi* were increasingly pragmatic in their view of the West, seeing in Western technology the promise of sufficient power to overthrow the *bakufu* and also to keep the West at bay. The third threat to the *bakufu* came from outside Japan: the pressure being exerted by the Western powers. However, in many ways, this external pressure was really part of the context for the other two challenges, rather than a challenge in itself.

Under the influence of the radicalized atmosphere in Kyoto, Emperor Kômei himself started to reassert the authority of the imperial house. In 1862, he issued an official request to the shogun, as his 'barbarian-subduing generalissimo', to expel the Western barbarians from Japan, setting a deadline of 25 June 1863. When the deadline passed, the *bakufu* made no attempt to affect the expulsion. However, in other parts of Japan anti-*bakufu* 'loyalists' were agitating. Samurai in Chôshû, who had industriously armed themselves with Western firearms, actually opened fire on an American ship off the coast. Retaliation was swift and violent. One of the results was that the Chôshû domain became a magnet for radicals and loyalists; the next year they formed an army and marched towards Kyoto, aiming to 'liberate' the emperor from the *bakufu*'s control.

Through the brokerage of the Tosa samurai, Sakamoto Ryôma, the *tozama* domains of Chôshû and Satsuma began to realize that they shared a great deal in common. Not only did they have long-standing grievances against the Tokugawa, but they also contained a unusually high proportion of samurai (up to 25%), and these samurai tended towards 'loyalist' principles. Furthermore, these outlying domains had exploited the fact that they were distant from Edo by carefully and enthusiastically cultivating knowledge of the West and of modern technology since the arrival of Perry. By the mid-1860s, they were rapidly developing modern military forces that were at least the equal of the *bakufu*'s army. Even more progressively, Chôshû samurai such as Takasugi Shinsaku were devising military units that incorporated non-samurai, effectively ending the 250-year-ban on non-samurai bearing arms. Indeed, Takasugi's militia was perhaps Japan's first modern, 'popular' army.

In 1866, Chôshû and Satsuma agreed a fateful, secret (and illegal) alliance. In the same year, Tokugawa Iemochi died of a heart condition, and the new Shogun, Tokugawa Yoshinobu of Mito, decided to launch a campaign against Chôshû to punish it for its misadventures and to make an example of it. Yoshinobu was also a modernizer, and the *bakufu* was receiving considerable assistance from the USA and France to build a modern military. Nonetheless, when the *bakufu* forces neared Chôshû in the far southwest of the country, Satsuma unexpectedly refused its call for support. As a result, the *bakufu* army was defeated by Chôshû and was forced to embark on a humiliating retreat back through the entire length of Japan to Edo. For the first time in centuries, the *bakufu* was shown to be militarily inadequate to the task of controlling the realm; its last and most basic claim to legitimacy was destroyed. In the following months, there was an explosion of social unrest and peasant uprisings across the nation, reflecting the crisis of legitimacy that was exacerbated by the sight of the defeated *bakufu* army marching home, and also by the omen of change represented by the death of Emperor Kômei in 1867. Kômei's son, Emperor Meiji, took the throne in February 1867.

In the aftermath of the *bakufu*'s defeat, Tosa again tried to play the intermediary, convincing Shogun Yoshinobu to accept the need for wholesale political reform, the establishment of a Prussian-style parliament and the reversion of sovereignty to the emperor. Indeed, Yoshinobu appears to have agreed to these reforms. However, it was already too late for the *bakufu*: the daimyo of Satsuma and Chôshû had decided to capitalize on the opportunity to take matters into their own hands. In an audacious step in December 1867, the combined armies of the two domains marched on Kyoto, occupied the city, and took control of the imperial palace. Within a month, they had convinced the new Emperor Meiji to pronounce an imperial restoration, effectively abolishing the *bakufu* by imperial decree in January 1868.

Shogun Yoshinobu resisted the decree, and thus began a bloody conflict that has come to be known as the Boshin War. In fact, the war was effectively over within months, as Yoshinobu's attack on Kyoto was repelled easily and he was forced to retreat back to Edo. Edo itself fell in April 1868, when Yoshinobu's legendary commander, Katsu Kaishû, handed the city over to the imperial forces without resistance, apparently because he thought that unity and peace were more important than the preservation of the *bakufu*. Thus was affected the Meiji Restoration: a modern revolution, with modernized, mass armies using Western firearms and guided by European strategic thinking.

Chapter 2
Imperial revolution: embracing modernity

Emperor Meiji processed triumphantly from the ancient capital of Kyoto to Edo in 1868, and within a year his temporary palace in the eastern city was declared the new Imperial Palace. At that moment, Edo officially became the new capital of Japan, Tokyo – the Capital of the East. For the insurgents as well as for *bakufu* loyalists, this Imperial Restoration was dramatic and bloody, and expectations of change in the capital were high. However, for the vast majority of the population of Japan, the Meiji Restoration (if they had noticed it at all) was little more than a samurai rebellion or *coup d'état*. Indeed, the people of Japan had very little reason to be optimistic that their living conditions would improve markedly, and they had every right to be sceptical that the drama of the last decades would result simply in another reshuffling of power and privilege amongst the samurai class.

However, there were a number of very important differences between the 17th- and the 19th-century political revolutions, and over the next decade Japan was genuinely transformed. Even if the bloody events of 1868 should be considered an elite movement, the Meiji Restoration became a genuine revolution in the period between 1868 and the early 1880s: Japanese society and the conditions of life at every level of it were profoundly transformed.

The tone for these changes was set just after the establishment of the emperor in Edo, when he promulgated the so-called Charter Oath (sometimes called the Five-Article Oath), in which the new government (in the name of the emperor) made five radical pledges:

1) to establish deliberative assemblies in order to involve the public in decision-making;
2) to involve all levels of society 'from the highest to the lowest' in the affairs of the state;
3) to abolish restrictions on the occupation and function for all the people;
4) to abandon the superstitions of the past and to embrace rational laws of nature;
5) to seek knowledge from around the world to strengthen Japan.

These pledges represented the complete dismantling of the *bakuhan taisei*, and the apparent embrace of a number of principles of modern governance. Aside from the imperialist impulse within Japan and the drive to construct a powerful nation, the adoption of a modern political system was itself one of the explicit goals of the reforms; the revolutionary government was critically aware that the only way they could free Japan from the humiliation of the Unequal Treaties was to create a political system that the Western powers could respect as equal to their own.

The new government tried again and again to have the treaties revoked, but it was repeatedly frustrated by the foreign powers, who insisted that they would not give up their privileges before the legal and political system of Japan could provide adequately 'modern' protection of their rights. Here, 'modern' and 'civilized' were used in the same breath. In the end, after riots, protests, and wholesale reform in Japan, the treaties were renegotiated in the 1890s. By which time Japan had a national currency, a national taxation system, a bicameral legislature, and a formal constitution that protected the rights and duties of the Japanese and established the rule of law, albeit in a qualified sense. In addition, in the 'Age of Empires', Japan's identity as a fledgling imperial power was already evident: the new regime assimilated the northern island of Hokkaido in 1869 and the southern kingdom of Okinawa in 1879; it had made plans for an invasion of Korea as early as 1873; and by 1895, it had already employed its newly modernized military to defeat its giant neighbour, China, in its first major war of the modern period, taking Taiwan as part of the spoils. In other words, by the 1890s, Japan had begun to present itself as the first modernized Asian power, under the slogan *fukoku kyôhei* (rich country, strong army).

In sum, the reforms in the wake of the Restoration had both domestic and international impetuses. The powerful external pressure on the new regime was one of the critical factors that set the project of state formation during Meiji apart from the earlier project of nation formation during Tokugawa; the power and menace of the so-called 'second phase' of Western globalization that carried the full force of capitalist expansionism was irresistible. Modern Japan's uneasy relationships with its own history and traditions on the one hand, and with modernity and the West on the other, are two of the key characteristics of this period. In many ways, this is the period in which Japan sought to square this circle and forge its own modernity in the face of the industrial expansion of the West.

Symbolic reform of the Meiji state

For much of the Meiji period, particularly in the time before the promulgation of the Constitution of the Empire of Japan in 1889, the business of governance was conducted by a group of senior statesmen from the powerful domains of Satsuma, Chôshû, Tosa, and Hizen. This group, which enjoyed privileged access to the imperial house after supporting it so strongly during the

Restoration, would become known as the Satchô clique, or sometimes as the *genrô*. The effective concentration of power in the hands of a relatively small group of *tozama* daimyo represented a radical shift in the domestic balance of power, and it was met with serious resistance in some areas. One such area was the domain of Aizu, where loyalists to the Tokugawa *bakufu* continued to fight against the new imperial forces for several months after the official Restoration.

The Aizu incident provided an early indication that the Meiji regime would face some residual problems of legitimacy, despite the imperial nature of the Restoration. Hence, Emperor Meiji established a new, national shrine in Tokyo, the *Tokyo shôkonsha*, which would become the official resting place of the spirits (*kami*) of all soldiers who died in the name of imperial Japan. This move echoed the nation-building symbolism of the shrines at Nikkô that were built by the Tokugawa in order to de-privilege the imperial shrine at Ise and provide a new focus for national worship; establishing a national religious icon to legitimate a new regime is a feature of Japanese history.

In 1879, Meiji's new shrine was renamed *Yasukuni jinja* (the name that it retains to this day), and it would become a central edifice in the emerging state Shintô religion, which the new regime encouraged as a means of legitimizing the Imperial Restoration. Significantly for the symbolism of the new Japan, the Aizu and other pro-Tokugawa forces were not enshrined in Yasukuni, indicating that they were enemies of the emperor and the state – a charge that still causes controversy today. It was not until after the Pacific War (in 1965) that a new *chinreisha* (or spirit-pacifying shrine) was built within the Yasukuni compound to honour the souls of those who had died in Japan's civil wars since 1853. This represented a deliberate attempt to help create a more inclusive sense of nation for postwar society.

The most famous *kami* enshrined in the *chinreisha* belong to the near-legendary samurai from Hizen and Satsuma, Etô Shimpei and Saigô Takamori, who led the Saga Rebellion (1874) and the Satsuma Rebellion (1877) against the Meiji government even after being so instrumental in establishing it, claiming that it had betrayed the true spirit of Japan: invoking the traditions of the samurai, they killed themselves to evade capture.

In other words, dissent against the ideals and policies of the Meiji regime not only lingered in the former *fudai han*, but it also emerged within the ranks of the newly empowered domains of Satsuma, Chôshû (where there was a rebellion in 1876) and elsewhere. In the contemporary period, the *chinreisha* is fenced off from the rest of the compound and guarded, after ultra-nationalist groups threatened to blow it up as an offence to the nation.

Yasukuni remains one of the most controversial institutions in modern Japan; in the second half of the 20th century, politicians have touched off public controversy in East Asia by visiting the shrine, which now also commemorates the soldiers who died in the name of the emperor during the Pacific War. For some critics, these visits indicate that contemporary Japan has failed to properly express remorse for the aggression of the Imperial Army in Asia during the 1930s and early 1940s. For others, these visits actually show a lack of respect for those who died for Imperial Japan, because the establishment of the *chinreisha* honours domestic 'enemies of the state' and even foreign soldiers who died in battle against Imperial Japan (despite the fact that it is hidden from view and largely unknown). For other commentators, these visits merely indicate a sense of respect for the history of modern Japan. The controversy shows little sign of abating today.

4. Statue of Saigo Takamori walking his dog, in Ueno Park, Tokyo

Ideological and legal reform of the Meiji state

The emperor's Charter Oath of 1868 made a number of demands on the new regime. Perhaps the easiest of them was the injunction to seek knowledge from around the world in order to modernize and strengthen Japan. This particular command had two serious implications for the new regime: a dramatic reversal of the official policy of *sakoku* that had characterized the Tokugawa regime; and a profound undermining of the neo-Confucian ideology that had characterized educational prerogatives over the last three centuries.

In practice, Japan had not been completely isolated during the period of *sakoku*, and the *bakufu* itself had sent missions to the USA (1860) and Europe (1862, 1863), but perhaps the most famous and important response to this decree was the Iwakura Embassy of 1871–3. The Iwakura mission was led by the nobleman Iwakura Tomomi; he was supported by a group of *genrô*, which included the Chôshû statesman Kido Kôin (sometimes known as Kido Takayoshi) as well as the future first prime minister of Japan, Itô Hirobumi, also from Chôshû domain. The two-year embassy travelled to the USA and then to Europe, where it visited Britain, France, the Netherlands, Russia, Germany, and other nations.

The embassy had a dual purpose: the first was to attempt to renegotiate the Unequal Treaties with the USA and the European powers; and the second was to gather knowledge about science, technology, and medicine in order to help Japan to 'catch up' with the modern Great Powers, but also to learn about modern economic, political, and legal systems. In practice, these two goals turned out to be intricately linked, since the Western nations uniformly refused to renegotiate the treaties until such a time as Japan had successfully modernized.

The mission returned to a Japan hungry for knowledge of Europe, with a fledgling civil society providing a public sphere for discourse about social, cultural, and political affairs. In the early 1870s, Japan saw the publication of its first modern newspapers, beginning in 1871 with the *Yokohama Mainichi Shinbun* and followed quickly by the *Nichinichi News* in Tokyo (the forerunner of today's *Mainichi Shinbun*). The progressive *Asahi Shinbun* also began life in this period (in Osaka, 1879). At the same time, the publishing industry started to boom, selling printed books, essays, and translations of Western books in the cities of Japan. This provided an avenue for European philosophy and literature to enter Japanese culture, and intellectuals quickly grasped the importance and potentials of these cultural imports.

A key group of progressive intellectuals in this period was known as the *Meiroku* society (the Meiji Six – so called because the group was founded in the sixth year of the Meiji period). The founders of this society included influential public intellectuals and statesmen, such as Mori Arinori, Fukuzawa Yukichi, Katô Hiroyuki, and Nishi Amane. The group, which has come to be seen as the vanguard of the so-called Japanese Enlightenment, since it embraced the ideals of the European Enlightenment that underpinned modernity in the West, published an influential magazine, *Meiroku zasshi*. The pages of the journal discussed the most pressing social and political issues of the day, such as the merits of popularly elected assemblies, the importance of the separation of religion and politics, and the place of women in society. But it also included discussions of other 'modern' topics, such as economic policy and innovations in European chemistry and physics.

Although the *Meirokusha* included a wide range of influential thinkers, perhaps the most important was the 'enlighteneer' Fukuzawa Yukichi, who had travelled to the USA in 1860 as part of a *bakufu* expedition, and then to Europe in 1862. Fukuzawa became famous after his return from Europe for his best-selling, ten-volume account of the *Conditions in the West* (*Seiyô jijô*, 1867–70), in which he showcased the achievements of Western modernity. Soon afterwards, worried about Japan's survival in the modern world, Fukuzawa wrote a series of books called *An Encouragement of Learning* (*Gakumon no susume*, 1872–6), in which he called on the Japanese to abandon their traditional (Confucian) approach to knowledge and social organization. He debunked principles of heredity and superstition, and argued strongly that society should be based on equality of opportunity and that people (no matter what their backgrounds) should find their place in society based on merit and, in particular, based on their educational achievement. Indeed, Fukuzawa was an educational pioneer: he established *Keiô gijuku* in 1858 as a means of training the youth in 'Western' knowledge; this academy was the forefather of Keiô University – Japan's first and still most prestigious private university.

Fukuzawa and the other 'enlighteneers' were part of a progressive movement in the Meiji period that rallied behind slogans such as 'civilization and enlightenment' (*bunmei kaika*), which initially equated the notion of a rational enlightenment on the European model with the attainment of civilization itself (a notion that lay close to the heart of the imperialist powers of the West, with their various, self-proclaimed 'civilizing missions'). The basic idea was that Japan needed to 'catch up' with the West in order to survive in the modern system of international relations. For a number of intellectuals and policy-makers, the logic of the international system was governed by the idea that the 'strong eat the weak' (*jakuniku kyôshoku*). This Social Darwinian idea, which Fukuzawa and others drew from the work of Herbert Spencer, became very influential in Japan and drove the nation to ever greater levels of industry and eventually imperialism.

Just as Fukuzawa's ideas about the dignity of the individual radically undermined Confucian traditions and laid the groundwork for the development of liberal ideologies in Japan, so his ideas about international relations helped to explode the traditional, China-centric view of the regional order (which placed an isolated Japan on the periphery) and to provide the conditions of the possibility for Japan to surpass China and even surpass the power and status of the Western nations. If Spencer was right about the course of history, then it followed that Europe was simply the most advanced civilization *at that point in time*, which meant that Japan could become *more advanced* and *more civilized* in the future. For Fukuzawa and various others in the decades to come, the key to surpassing the West lay in Japan's ability to assimilate 'Western technology' but to retain its own 'Eastern spirit' (*wakon yôsai*). In the next chapter, we will see that this kind of logic will feed into the call to 'overcome modernity' and indeed to 'overcome the West' in the 1930s and 1940s.

Thanks to improving education, rising literacy rates, and increasing print circulation, especially in the growing urban centres, these new and modern ideas made a real impact on the people of Japan. The 1870s and 1880s saw rapid growth in the formation of political organizations in the cities but also in rural communities. At first these groups consisted largely of samurai, but they gradually became of mixed participation. By 1881, Japan had its first national political party, the Liberal Party (*Jiyûtô*). This was followed quickly in 1882 by the Progressive Party (*Kaishintô*), led by the future prime minister, Ôkuma Shigenobu, who also founded the *Tokyo Senmon Gakkô* in the same year; the school would change its name to Waseda University in 1902, becoming Keiô's great rival to this very day.

Although these parties collapsed in 1884, they were very active in organizing petitions and rallies, in publishing manifestos and journals, and even in collecting fees from their members. In other words, they established the practice of popular politics in modern Japan. A key issue during the 1880s was the popular rights movement, which gradually garnered widespread support throughout different sectors of the population. Significantly, however, the popular rights movement never really extended to include women, despite the courageous actions and the example of a number of independently minded individuals, such as the remarkable Tsuda Umeko, who returned to Japan in 1882 after travelling to the USA with the Iwakura Embassy and established an important college for women that became Tsuda University.

For some historians, the promulgation of the Meiji Constitution in 1889 seemed like the natural result of this revolutionary groundswell of popular involvement in politics. Indeed, the new constitution did establish many of the things for which the parties had been calling. It included: a bicameral legislature with an elected lower house and an appointed upper house of peers; it guaranteed a range of rights and duties. But the constitution was formally a gift from the emperor, who retained sovereignty and who resided beyond the terms of the constitution, and the parliament was basically an advisory body.

In reality, then, it might be better to view the constitution as a strategic move by the *genrô* to prevent popular involvement in politics from getting out of hand. Indeed, the aristocratic *genrô* were deeply distrustful of the political parties and seemed to feel great disdain for the common people of Japan, believing that they were uneducated and incapable of acting for the public good rather than out of self-interest. To them, the party system seemed to indulge self-serving and fragmentary policies, which Japan could ill-afford: Japan needed to be united if it was going to 'catch up' with the West and become strong enough to survive in the volatile international system.

In other words, the promulgation of the Meiji Constitution should be seen as a way for the *genrô* to control the emergence of the people into modern political consciousness. In practice, the constitution granted *and constrained* popular rights; it focused on duties rather than rights of imperial subjects, and made no concessions regarding the rights of women. Indeed, the liberation of women remained regarded as one of the principle moral dangers of political modernization in Japan – the women's rights movements of the West were seen as symptoms that Europe had become morally defunct. The constitution granted *and constrained* popular politics; it provided for a parliament with an elected lower house (with suffrage restricted to about 5% of the male population), and real power remained extra-parliamentary, in the hands of the *genrô* and increasingly in the hands of the military, who each enjoyed direct access to the emperor himself, who remained the locus of sovereignty. One of the greatest successes of the *genrô* strategy was that it forestalled any possible discussion of making Japan into a republic, and hence preserved the underlying infrastructure that would become known as the *tennô-sei* (emperor system).

Social and political reform of the Meiji state

All of these innovative ideas and modern legal reforms were only meaningful to the people of Japan if they had real effects on everyday life. In particular, they rested upon domestic social reform and the abolition of the so-called *shi-nô-kô-shô* system of stratification, which separated the population into four classes (samurai, farmer, artisan, merchant) and provided for very little social mobility. Ironically, then, the first task of the revolutionaries, who were largely samurai themselves, was to abolish the privileges of their own class. It is a testament to the new regime's commitment to modernization that they were willing and able to do this. Of course, not all the samurai in Japan were equally visionary about the demands of modernity, and a significant number attempted to preserve their traditional prerogatives. Hence, the revolutionary Meiji regime had to move firmly but carefully lest it provoke a counter-revolution.

The *genrô* clique moved quickly to capitalize on the momentum of the Restoration. Led by the dynamic figures of Kido Kôin and Saigo

Takamori, the status of the daimyo was radically transformed within three years, and the samurai class as a whole was abolished within seven. Kido, Saigo, and other revolutionary leaders such as Yamagata Aritomo led by example, surrendering their own lands to the emperor in 1869, and then receiving appointments from the emperor as salaried governors of the same lands. The result was that they kept their power and status, but the symbolism of their subordination to the imperial house was powerful, since it figured a *unified nation* as an essentially *imperial realm.*

After surrendering their own lands in 1869, the *genrô* and the emperor established a Council of the State in 1871; they unilaterally abolished all 280 traditional *han*, reorganizing them into 72 prefectures (which are the basis of today's regional units). Some of the new governors were not even of daimyo status, but rather were talented samurai or even *heimin* (commoners). However, the daimyo were generously compensated and most were content with the new arrangements, which provided for their continuing comfort but removed the burden of their responsibilities.

One important side-effect of this move was, for the first time in Japanese history, a national, imperial army could be unified under a single flag and drawn from the powerful, outlying domains of Satsuma and Chôshû.

The great pioneer of the modern Japanese army was Yamagata Aritomo, who would become Japan's first prime minister under the Meiji Constitution in 1889 (the third prime minister in Japanese history) and also a Field Marshal in the Imperial Army in 1898. Under his influence Emperor Meiji invited military experts from Europe and the USA to train his new troops in the use of modern firearms and munitions.

It was Yamagata who pushed through the establishment of a national army, which commenced as a force of 10,000 samurai, but which became a conscript army in 1873; universal conscription for three years for all men over 20 came into force in that year. In combination with all the other reforms of the 1870s, the creation of a conscript army was seen by various samurai factions in Japan as the last straw; it seemed to challenge the last privilege and duty of the samurai class – the right to carry a sword and to defend the realm. Even some of the *genrô* who had happily surrendered lands and titles to the emperor, found this a step too far. Indeed, 1873 was also the year in which Yamagata Aritomo and Kido Shôin were forced to cut short the Iwakura Mission in order to return to Japan and block the plans of fellow *genrô* Saigo Takamori, for a samurai invasion of Korea. Saigo argued that an invasion would strengthen Japan's army and restore the vitality of the samurai; he even volunteered to travel to Korea to provoke an excuse for war by letting the Koreans kill him. Following the defeat of Saigo's plan, the Hizen samurai Etô Shimpei resigned from his position as a councillor to the new regime and returned to his hometown of Saga, where he organized disillusioned samurai into an ill-fated rebellion.

Yamagata's conscription edict might therefore be seen as *both* an attempt to modernize the Japanese army *and* as a necessary step to constrain and control the restive samurai. Indeed, the first significant military victory of Yamagata's modern, conscript army came in 1877 when it comprehensively defeated Saigo Takamori's samurai force in the Satsuma Rebellion. It wasn't long before Japan's Imperial Army, under the leadership of Yamagata, had also defeated China (1895) and Russia (1905).

One of the immediate economic advantages of the nationalization of Japan was the creation of a genuinely national taxation system for the first time in Japanese history. This meant that the central government could raise funds for a range of public works projects. Under the guidance of modernizers like Okubo Toshimichi, this meant not only the ability to build a national army, but it also gave the government the means to build a national railway and to construct 'model factories' for entrepreneurs and the business community to imitate and develop. The first stretch of railway, from Tokyo to nearby Yokohama, was completed in 1872, and within 20 years nearly 2,500 kilometers of track had been laid. The train was (and remains) an icon of industrial modernity, and it had been a potent symbol in the minds of the Japanese since Commodore Perry amazed them with his miniature locomotive in 1854. The role of the Japanese government here raises interesting questions about the proper role of the state in 'late-developing', or 'catch-up', economies.

In other words, national taxation provided the fuel for the construction of a modern economic system. It also generated widespread social change: the railways began to bring the outlying regions of Japan into easier reach of the capital in a way in which the Tokugawa could not even have dreamed, but also the growth of factories led to greater urbanization and radically transformed the lives of millions of Japanese.

However, the abolition of the *han* also brought with it many problems, including the huge financial burden of paying the stipends of all the samurai who used to draw their income from the daimyo. In 1871, this burden amounted to approximately 50% of state revenues, which very quickly, and understandably, became the source of significant public dissatisfaction: the samurai accounted for only a tiny proportion of the population.

In the end, a rapid incremental approach was adopted to phase out the samurai. The process began as early as 1869, when the number of samurai ranks were reduced to two, higher and lower. After three years, during which time all of the non-samurai in Japan had been reclassified as commoners, or *heimin* (ending the restrictions on dress, residency, and occupation that had characterized the Tokugawa system), the lower rank of samurai was blended into the *heimin*. In practice, of course, the *heimin* remained an internally differentiated group for many years. Various minorities stand out in this regard: foreigners were treated inconsistently – those from the West were granted great privileges, while those from Asia, who often arrived in Japan as war immigrants, were subjected to considerable discrimination; the social minorities known previously as *eta* or *hinin* (the unclean or non-persons) were recategorized as *burakumin* (hamlet people), which served to rename the problem rather than to solve it; and the largest disadvantaged group was women, who were prevented from enjoying any of the new liberties of the modern regime – rather, they were expected to be 'good wives and wise mothers', or tireless labourers in the emerging textile plants. Of course, there also remained great differentials in terms of wealth, values, and ways of life between the rapidly growing urban areas and the more traditional rural communities.

5. Women working in the Mitsui silk-reeling factory, *c*.1905

Indeed, when compulsory primary education was enforced, in 1872, some parts of Japan rioted in protest against the requirement to send their children to school rather than to send them out to work. Nonetheless, by the turn of the century nearly 98% of children attended primary education and higher education was beginning to blossom, meaning that the government could reform its own recruitment practices to hire people based on their performance in examinations (rather than based on heredity).

In 1873, the government decided to tax all samurai stipends, and then, in 1874, the government proposed a solution to samurai complaints about taxation, and offered to exchange their stipends for government bonds: those samurai who accepted this offer received very favourable returns. However, those who refused the offer found themselves forced to convert their stipends in 1876 (at a much less favourable rate), in which year the Meiji government also withdrew the samurai's right to wear swords in public, restricting this right to the police and military (many of whom were *heimin*). At this point, all of the prerogatives of the samurai had been systematically and incrementally revoked: they no longer held a privileged status; they no longer enjoyed an annual stipend; they no longer held the right to wear a sword; and they were no longer even entitled to an exclusive mode of dress or way of wearing their hair. By the time of Saigo's 1877 'samurai rebellion', the samurai no longer existed.

Towards a new nationalism

It is interesting to reflect, however, that the abolition of the samurai as a social class in Japan did not coincide with discarding the ostensible ideals of this warrior elite. Indeed, it is one of the paradoxes of Japan's engagement with modernity that it would quickly reinvent the image of the honourable and loyal samurai as a national emblem. Rather than representing an oppressive, unproductive, and expensive privileged elite from the feudal past, the samurai became re-imagined as the paragons of Japan's *national* values. Even the rebellion of Saigo Takamori was quickly romanticized as an act of glorious self-sacrifice in the name of the emperor – a small force of samurai stood against the unstoppable tide of modernity in order to show the Japanese people what it should mean to be Japanese, lest machines, industry, and commercialism cause the people to forget themselves. Just as Saigo had been willing to sacrifice himself in Korea in order to 'save' Japan, so the legend tells that he sacrificed himself in Japan in order to save it from itself. The moral force of this popular story was to affirm the fundamental value of Japanese traditions even in the face of the onslaught of Westernization and modernization: no matter how much it might change, Japan must remain Japan.

Perhaps the most influential proponent of the Way of the Samurai, or *bushidô*, as the 'soul of Japan' was Nitobe Inazo. Ironically, Nitobe saw *bushidô* as the answer to a problem of modernity: he saw that the Great Powers of Europe all had complex and deep-rooted systems of religious belief and ideology, which gave their nations a coherent sense of identity and moral worth; he worried that Japan lacked such a sense of national identity. Nitobe was not a great historian, but when he looked back through Japanese history he saw *bushidô* as a common thread (despite the fact that the term '*bushidô*' itself is a rather modern invention) and he presented it to the world as Japan's equivalent of European 'chivalry'. Indeed, Nitobe's famous book, *Bushidô: The Soul of Japan* (1899), was written in English for Western readers, and was only translated into Japanese later. Nonetheless, by the early 20th century, the idea of *bushidô* as a Japanese ideology, rather than a set of ideals for the samurai class, was firmly entrenched in the training of the conscript army and in society more broadly.

In many ways, the question of 'national identity' was one of the most pressing issues as Japan neared the 20th century, and it was also one of the issues that could be debated by the people themselves in the newly active public sphere. Magazines devoted to discussion about the meaning of 'Japaneseness' in the modern world started to appear. Led by intellectuals such as Okakura Tenshin and spurred on by foreign visitors such as Ernest Fenollosa, who were eager to unearth 'oddities' about the Japanese for consumption in Europe and the USA, a veritable industry of national self-interrogation began. Later academics would refer to this as the beginning of the so-called *Nihonjinron* literature (essays on Japanese uniqueness), which continues to be produced in the present day. This sense of identity crisis is often considered to be a universal symptom of the growing pains of modernity.

The issue took on multiple dimensions. On the one hand, some of Japan's greatest modern novelists, such as Natsume Sôseki, took the encounter with modernity as a central theme in their work. Sôseki, who travelled to England at the turn of century, returned to Japan overwhelmed by how depressing the dark, polluted industrial cities of England had become. Many of his most famous novels lament the loss of traditional Japanese values as they are engulfed in this industrial modernity. Other authors, like Okakura Tenshin himself, sought to define a distinctly Japanese aesthetic that could be identified in contradistinction to the flashy commercialism of modernity; without being able to identify 'Japanese' values, how could they be preserved?

And on the other hand, the laypeople attempted to discover the parameters of the new Japan, implicitly probing its borders with their actions. A very famous example is the case of Uchimura Kanzô, an English teacher at the First Higher School in Tokyo. In January 1891, Uchimura refused to bow to a copy of the Imperial Rescript on Education that had been signed by the emperor himself. He argued that the Meiji Constitution guaranteed him freedom of conscience and that, as a Christian, it would be a violation of his faith to force him to bow to this idol.

Unfortunately, neither the authorities nor his colleges were sympathetic, and Uchimura was eventually forced to resign his post amidst a storm of protest about his alleged treachery. The Uchimura incident reveals vestiges of the same kinds of suspicions about Christianity that had led the Tokugawa regime to ban it, but it also reveals some of the core elements of Japan's evolving national identity. In particular, it shows that the person and symbol of the emperor himself was inviolable: freedoms and rights would be protected only to the extent that they did not infringe upon a subject's duty to the emperor.

In other words, the embrace of modernity in Meiji Japan had its particularities. Whilst Japan was transformed from a semi-feudal political federation with a loosely integrated economy and stunted foreign policy into a unified national polity with a national economy and an emerging international presence, its identity and unity was closely bound to the traditional symbol of the emperor. Of course, a number of modern European states also had monarchies, and eventually the West did recognize Japan's modernity by ending the Unequal Treaties at the end of the 19th century.

However, even while Japan was absorbing Western technology, medicine, literature, and philosophy, the Japanese were already attempting to define and preserve the distinctive features that made them 'Japanese'. One of these features was the emperor himself: Japan was an imperial polity. As we will see in the next chapter, this imperial identity, combined with the accumulation of significant material power as well as European ideas about social evolution and the natural expansion of capital, would lead Japan along a path towards the attempt to 'overcome modernity' through war against its neighbours and ultimately against the democracies of Europe and the USA.

Chapter 3
Overcoming and overcome by modernity: Japan at war

The tremendous changes that engulfed Japan during the second half of the 19th century were initially inspired by a sense of national humiliation and insecurity in the face of the so-called Great Powers of the Western world. However, as Japan successfully adopted the ideas and trappings of modernity and freed itself from the Unequal Treaties that had been imposed on it, national confidence soared. Whilst some sectors of Japanese society chose to embrace the idea that modernity was a full package, containing not only technological innovations but also social mores and cultural practices, other sectors began to use this newfound confidence as an opportunity to challenge the notion that modernization and Westernization necessarily meant the same thing. Now that Japan had entered the modern world, the most pressing question seemed to shift away from what it meant to be 'modern in modern Japan' and towards a more personal question of what it meant to be Japanese in the first place.

On the one hand, we might identify a romantic response to this question. Intellectuals, writers, artists, and activists looked to the imagined past of Japan for a sense of what the 'essence' of Japaneseness might be: for some, this meant a reinvention of *bushidô* as the 'soul of Japan', or Shintô as a national religion and emperor cult; for others, it might have meant the rediscovery of a particular appreciation of a fragile, shadowy beauty that characterized Japanese aesthetics. In other words, one of the core challenges of modernity was the way in which it forced Japanese society to be self-reflective about its own identity, provoking a new literature that has come to be called *Nihonjinron* (essays on Japanese uniqueness). For many, the question was how this identity could be reconciled with the demands of the modern world.

On the other hand, we might identify a more chauvinistic response. From this perspective, the core dilemma was not how to preserve elements of 'Japaneseness' amidst the radical changes that accompanied modernization, but rather how to confront the process of modernization itself. This position radicalized Japanese traditions (whether invented or not) and asserted their superiority over those of the Western nations, which thus risked polluting and weakening Japan under the false guise of progress. As the confidence and power of Japan grew, this chauvinism held the potential to slip into an aggressive sense of mission: Japan had a moral duty to reassert its own authentic identity, and this duty implied a moral mission to help other Asian nations to overcome the insidious infection of modernity and Westernization. In short, this position provided the conditions of possibility for a paradoxically anti-imperialist imperialism in Asia; Japan's mission was to free Asia from the grip of Western imperialism.

The politics of the Meiji empire

As discussed in the previous chapter, the Meiji Restoration and the revolution that followed it was essentially imperial in character. In the so-called Age of Empires, it seemed very natural to the political and military elites that their new imperial state should also have an empire of its own, like the Great Powers of the West whose empires had already spread their tendrils throughout Asia. It was with this kind of thinking in mind that Yamagata Aritomo, fresh from his trip to Europe, endeavoured to build a powerful Japanese navy, in imitation of the navy of the greatest imperial power of the day, the small island nation of Great Britain.

Although Saigo Takamori's plans for an invasion of Korea in the early 1870s were thwarted by the *genrô* (who cut short the Iwakura Embassy in Europe in order to prevent it), and by Yamagata Aritomo in particular, the government's objection to the plan was not its imperial ambition but rather the method and rationale of the venture. Indeed, in 1876 Yamagata himself argued that Korea was an essential part of Japan's 'zone of advantage' and that its relative weakness (as a less modern society) both made it vulnerable to Japan's regional ambitions and to the ambitions of the West, which in turn constituted a vulnerability for Japan itself. It was imperative, he argued, that Korea should fall into Japan's sphere, since it was certain to fall to someone.

With this kind of imperial competition in mind, and conscious of Japan's new power on the regional stage, Japan imposed the Treaty of Kanghwa on Korea in 1876. The process was almost a precise duplication of the way that Commodore Perry had imposed the Treaty of Kanagawa on Japan just twenty years earlier, and its terms were similarly exploitative. Until Korea modernized, Yamagata and others argued that it was not worthy of an equal treaty. Hence, throughout the 1880s Japan sent emissaries to Korea to advise it on how to modernize its education system, its economy, and its political structure, just as Japan was receiving similar advice from Europe.

The situation in Korea was very complicated, not least because of the traditional competition between Japan and China for influence over the peninsula. The Treaty of Kanghwa as well as the presence of so many Japanese advisors aggravated the Chinese rulers as well as many Korean people. In Japan, opinion leaders attempted to reconcile the apparent hypocrisy of Japanese foreign policy through recourse to the rhetoric of Pan-Asianism: Japan was helping Korea to help itself, as an Asian brother helps another under threat from the West. Nonetheless, violence against the Japanese emissaries in Korea was not infrequent, until finally in 1894 there was a full-scale uprising against foreign influence. The Tonghak Rebellion, which was partially a religious movement, partially popular xenophobia, and partially anti-Japanese in sentiment, undermined stability in Korea to such an extent that the leaders called for military aid from their traditional patrons, China, in order to restore order. Greatly offended by this, and under the pretext of defending their zone of advantage, the Japanese sent troops of their own into Korea, where they came into conflict with the Chinese. The result was the first Sino-Japanese War of modern times.

Thanks to the modernization drive instigated by Yamagata Aritomo, the Japanese army was vastly superior to that of its giant neighbour. In addition, in pursuit of a 'British Empire for Japan', Japan had built an impressive navy; for the first time in history it enjoyed naval parity with China, and technological superiority. The outcome of the war was a clear victory for Japan, whose privileged position in Korea was therefore confirmed. Moreover, as compensation for the war, Japan claimed the island of Taiwan, the small but strategically important Liaodong peninsula on the Chinese mainland, and a huge cash indemnity from China.

The Sino-Japanese War was a great success and extremely popular with the people of Japan, who had been becoming very dissatisfied with the expense and privilege of the military. Various justifications for Japan's imperial project emerged from the public sphere, ranging from appeals to Social Darwinism and the survival of the fittest ('either empire or colony!'), through the natural process of the expansion of a modern, capitalist economy, to romantic appeals to a project of nation-building. In the case of the latter, the Japanese public were fed a series of ideological constructions over the next several decades, beginning perhaps with the so-called Mito ideology, which mixed ideas about Confucian piety and Shintô myths to produce a vision of Japan as the divine centre of a regional order, with a moral mission to bring the light of the emperor to the people of Asia.

Suffice it to say that the public increasingly felt a sense of ownership over political issues: Japan was *their* nation. Indeed, the drive for popular participation in politics had been strong since the first election under the new constitution in 1890, at which the two largest parties (Liberal and Progressive) won 171 of the 300 seats contested in the lower house. Despite the fact that suffrage was limited to 1% of the population (male and in the highest tax bracket), the parliamentarians as well as the electorate were serious about supporting social welfare measures and thus about exercising their power to set the national budget. Civil society more widely was alive with these debates, in the press, in rallies, and protest.

Meanwhile, the *genrô*, their pro-government party (which returned less than 80 seats in 1890), and the unelected house of peers were extremely sceptical about allowing the 'common people' such influence over national decisions, especially military budgets. In fact, while the political parties were critical of the high levels of military spending that Yamagata insisted were necessary for the defence of Japan's 'sphere of advantage', they were not terribly interested in reallocating budgets to improve the lot of the masses: the rights of factory workers were largely neglected until 1911, when a very weak Factory Act was passed; and women remained banned from political meetings until the 1920s. Indeed, euphoria over the Sino-Japanese War served to change popular orientation towards war budgets for the next decade (in 1895 the parliament even voted for a bill that would increase the tax on big business to increase the government's budget) and it lasted until about 1905, when there were riots in Hibiya Park in central Tokyo, protesting against the military, its expense, and its apparent failure, despite its victory in the Russo-Japanese War.

Not all the European Great Powers were as sanguine about Japan's victory against China as the British, who applauded their accomplishments and soon terminated their Unequal Treaties. As soon as the terms of the Treaty of Shimonoseki became public, a joint ultimatum was issued by the governments of Russia, France, and Germany, demanding that Japan retrocede the Liaodong peninsula. For Russia in particular, which had its own ideas about a sphere of influence in China, this small but strategic peninsula gave Japan an unacceptable advantage in the region. An embittered Japan, whose public saw this Triple Intervention as Western duplicity, had no choice but to withdraw its troops. The sense of resentment only grew when Russia itself occupied the peninsula shortly afterwards, and other European powers took advantage of a weakened China to seize other city-ports. To many in Japan, the Triple Intervention and the events that followed it looked like simple racism: although Japan had met all the criteria of a 'modern nation' and had liberated itself from the Unequal Treaties, it was still not taken seriously as an international actor.

In fact, the struggle with Russia was just beginning. The interest of all of the Great Powers in establishing spheres of interest in Asia, and particularly in China, brought them into direct military contact. At the turn of the century, Japan joined an international coalition that included the British and the Russians to combat the anti-foreign Boxer Uprising in northern China (1899–1901). Subsequently, Japan attempted to gain formal recognition of its claims in Korea from the British and the Russians. In 1902, Japan achieved a great diplomatic coup when it signed an alliance with the British Empire, according to the terms of which Britain would recognize Japan's claims in Korea and would cooperate with Japan against the expansion of Russian influence in the region. This was the first formal alliance that Great Britain had signed with a non-Western power, and it was met with great fanfare in Japan as an indication that the nation had come of age. However, no such recognition was forthcoming from Russia itself.

Buoyed by the Anglo-Japanese alliance, former prime minister Itô Hirobumi proposed the so-called *Mankan kôkan* (exchange of Northeast China for Korea), an agreement that offered Japanese acknowledgement of Russian preponderance in Northeast China in return for Russian acknowledgement of Japan's special interests in Korea. However, the proposal was rejected in Moscow. In Tokyo this rejection was interpreted as confirmation of Russia's hostile intent, and diplomatic relations were severed. Three hours before it issued a formal declaration of intent, the Japanese Empire attacked the Russian Far Eastern Fleet at Port Arthur, on the Liaodong peninsula. The Imperial Japanese Navy proceeded to effect some stunning defeats against the Russian Fleet, besieging and taking Port Arthur and then comprehensively defeating the famed Baltic Fleet in a single day in the Tsushima Straits (27–28 May 1905). The Baltic Fleet had literally sailed all the way around the world, via the Cape of Good Hope, to break the siege at Port Arthur (which had already fallen by the time it arrived), and the Japanese victory under the command of Admiral Tôgô astonished the world. Indignant that they could not have been defeated so easily by the Japanese, rumours in Moscow suggested that the Baltic Fleet had been destroyed by the British navy in disguise – rumours without any foundation. Admiral Tôgô Heihachirô, who had indeed trained in Great Britain in the 1870s, earned himself the epithet of the 'Nelson of the East' after the Battle of Tsushima. A lock of Nelson's hair was presented to him by the Royal Navy to commemorate his achievement, and Yamagata Aritomo received the Order of Merit from King Edward VII in 1906.

Japan's victory sent shockwaves around the international community; it was the first time that a European power had been defeated by an Asian power in the modern era. Russia's military capacity had been devastated, and its prestige severely dented – indeed, the humiliation of the defeat was one of the factors that provided the backdrop for the Russian Revolution of 1917. Yet, despite the drama, the heroics, and the victory, the Russo-Japanese War was not a great success for Japan. The terms of the Treaty of Portsmouth that ended the war reflected the fact that both sides had suffered terrible losses and gained little. Japan had succeeded in demonstrating its power – as equal or superior to that of one of the Great Powers – and hence it consolidated its regional position: Russia recognized its claims in Korea, which it would quietly annex in 1910. Furthermore, Russia was forced to hand over its 25-year lease on Port Arthur, returning it to Japan and thus reversing the Triple Intervention. And finally Japan acquired (only) the southern half of the island of Sakhalin. However, there was no massive cash indemnity, as there had been at the close of the Sino-Japanese War, and the Japanese public found this unacceptable – there were even riots in protest in some of Japan's major cities.

Support for the military and its spending diminished in the parliament and amongst the public at large. Indeed, for the next decade there were frequent protests and riots in the urban centres about military spending set against the cost of public transport and rice, as well as demonstrations in favour of expanded suffrage.

During the same period, unionization and 'friendly societies' started to gain in popularity, and support for a fledgling socialist movement began to appear. A Social Democratic Party was founded in 1901, but was instantly banned. The movement radicalized into anarchism and communism under the leadership of activists like Kôtoku Shusui and Katayama Sen, who would eventually be executed for High Treason in 1911. The orthodoxy of Japan's nation-building project, even in the wake of the Russo-Japanese War, never embraced the political left, since it threatened to challenge the one emblem that held the whole Meiji state together: the figure of the emperor himself.

Hence, the death of Emperor Meiji in 1912 was a real turning point in modern Japanese history. Meiji had overseen the unification of Japan into a single nation-state, and then the modernization of that state into one that could stand equally with those of the West as an imperial power. However, at the time of his death, Japan was already witnessing the start of a new phase of politics, as popular opinion turned against the militarization of the state and sought to forge Japan into a genuinely participatory democracy. Political parties became more coherent and more focused on issues, rather than simply clubs that parliamentarians joined. Indeed, in the year of Meiji's death, the leader of the Seiyûkai party, Hara Kei, succeeded in forcing a stalemate with the military about its new budget. Not even the elder statesman Yamagata Aritomo could resolve the situation in favour of the military, and this ushered in a period that has come to be known as the 'politics of compromise'. Hara would go on to become Japan's first commoner, party-based prime minister in 1918.

Taishô democracy

Emperor Taishô ruled for a brief period between 1912 and 1926, when the Shôwa emperor, who would reign until his death in 1989, succeeded him. For many historians, the Taishô period appears like a small window of calm in the middle of a century of war and struggle for Japan. Intellectuals and activists such as Yoshino Sakuzô advocated a kind of democracy called *minponshugi* (rule for the people), which he argued was compatible with Japan's constitutional monarchy. At the same time, constitutional lawyers such as Minobe Tatsukichi argued that the emperor might best be considered an 'organ' in the overall structure of the state, rather than as coterminous with the nation as a whole. Meanwhile, internationalists like Nitobe Inazo placed their faith in the emergence of a new world order that would recognize diversity and multicultural membership; Nitobe himself was an undersecretary-general of the League of Nations from 1920 and a founding director of the International Committee on Intellectual

Cooperation (the forerunner of UNESCO).

Against this background, a new middle class was emerging in the rapidly growing urban centres. This was the birth of the so-called salaryman (*sarariman*) – the ubiquitous, white-collared worker. But this period also saw a new class of white-collared women working as 'office ladies' or as attendants in shops. In general, women in these jobs were very poorly paid, but they featured in popular culture as icons of modern life: flashy and fashionable, immersed in the consumerism of products and fads, and often represented as morally liberal, selling kisses as well as Western clothes to their customers. These were the *moga* or *modan gaaru* (modern girls). The new middle class (which contrasted with the 'old middle class' of former samurai families) was represented as liberal and free, moving regularly between different jobs at different companies and enjoying the trappings of modern life.

This new way of life cohabited with a new culture, and the Taishô period saw the Japanese enthusiastically embrace many American pastimes: baseball and jazz being the most pervasive. But there were also developments in Japan's own artistic ferment, with arguably modern Japan's greatest authors, such as Akutagawa Ryûnosuke and Tanizaki Juni'ichirô, writing darkly beautiful short stories and novels that contemplated questions of individual and cultural identity in Japan's rapidly changing society. At the same time, there was a flourishing of avant-garde poetry and art. The advent of the 'one yen' book, the further development of national and local newspapers, and the establishment of rental stores for novels, magazines, and manga (graphic fiction) brought these materials to an ever wider and increasingly educated public.

Of course, this middle class image of Taishô Japan was not the whole story. The working class factory workers that so characterized the Meiji period found their conditions largely unchanged. Again, it was young women who bore the brunt of this, with men toiling under similarly harsh conditions in heavier industry. However, the Taishô period also saw the working classes becoming increasingly conscious of their plight and their power: workers began to organize into unions and 'friendly societies', even the *burakumin* began to participate in social activism in the form of the *Suiheisha* (Levellers' Association). Local disputes and strikes increased in number throughout the 1920s, as activists started to embrace liberal and even communist ideas.

The image of the Taishô period as a war-free haven is at least partially premised upon the economic boom that Japan experienced during the years of the Great War in Europe. During the war years, Japanese industrial output increased by a factor of five as it sought to supply European and domestic demand, and its exports surged (especially textiles). For the first time in modern history, Japan became a net creditor nation.

Historians often overlook Japan's role in World War I: it joined the war at the request of its ally, Great Britain, on 23 August of 1914, and then quickly occupied the German territories in East Asia, including Shangdong and Tsingtao. The Imperial Navy proceeded to occupy a string of Germany's island colonies in October, including the Marshall Islands. Furthermore, Japan used the instability in the region to consolidate its position in Northeast China and to assert itself against a weakened China – issuing the so-called Twenty-One Demands for economic and territorial concessions. Elsewhere, Japan was involved in a joint campaign with the USA to attempt to bolster the 'Whites' in the Russian Revolution, which erupted in 1917, and it also sent a naval squadron of 17 ships to the Mediterranean to help escort British vessels based at Malta. Indeed, Japan's involvement in World War I earned it a seat amongst the Big Four (Britain, France, USA, and Italy) in Versailles for the negotiation of the peace

6. Modernity at the crossroads, *c*.1928

treaty in 1919, and also a permanent seat on the Council of the League of Nations – an achievement that postwar Japan has not accomplished in the United Nations.

This recognition by the Western powers was met with enthusiasm back in Japan. However, the Japanese delegation at the conference did not get everything that it wanted. Although they successfully lobbied to keep their territorial acquisitions in Asia, their second goal – the inclusion of a racial equality clause in the Preamble to the Covenant of the League of Nations – was thwarted. Former prime minister and *genrô* Saionji Kinmochi led the Japanese delegation, which proposed the following clause to the conference:

> The equality of nations being a basic principle of the League of Nations, the High Contracting Parties agree to accord as soon as possible to all alien nationals of states, members of the League, equal and just treatment in every respect making no distinction, either in law or in fact, on account of their race or nationality.

In fact, a majority of the seventeen delegations present voted to support this clause, including all of the non-European representatives (except the USA). In principle this meant that the motion could be carried. However, US President Woodrow Wilson, who was chairing the session, overthrew the decision, stating that although a majority carried the motion, opposition to it was so serious that it should require unanimity for this proposal to pass. In practice, Wilson was talking about opposition from the British, for whom such a measure would spell the end of its empire, and Wilson realized that the emergent League of Nations needed British support more than it needed Japanese support (especially after the USA itself failed to join).

This failure at Versailles was not well received back in Japan, where protests erupted in the streets. For many commentators at the time (and since), this looked like another example of Western racism, echoing the duplicity that the Japanese perceived at the time of the Triple Intervention. The feeling of injustice was severe, especially since Japan at the turn of the 1920s had become a modern, constitutional democracy with an imposing empire and a flourishing economy: it had met all of the objective criteria to join the club of modern nations, but it was still being refused entry. It seemed, finally, that being modern was not enough:

modern Japan would never be considered an equal partner in international affairs for as long as it was Japanese. This was the one thing that Japan could do nothing about, and indeed it was becoming increasingly assertive about the importance of maintaining its distinctive identity. Events at Versailles added fuel to the fires of Japanese romantics and chauvinists who were striving to rediscover, reinvent, or simply protect 'Japaneseness' in the modern state.

Only two years later, Britain allowed the Anglo-Japanese alliance to lapse and instead proposed a five-way naval agreement involving the USA, France, and Italy. The so-called Washington Naval Treaty of 1921, one of a number of such treaties to be signed over the next decade or so, obliged the signatories to maintain a fixed ratio of naval power (measured in tonnage of capital ships and aircraft carriers). As far as Japan was concerned, the key ratio was Britain:USA:Japan, which was set at 5:5:3, meaning that Japan would always be less powerful than the two nations that thwarted its racial equality clause. But, perhaps the last straw for those in Japan who saw a systematic racism at work in the Anglo-American world was the enactment of the 1924 immigration laws in the USA, which specifically prohibited the immigration of East Asians.

Unfortunately, this perception of an unsympathetic international environment coincided with economic collapse in Japan, which followed the wartime bubble, and natural catastrophe in the form of the great Kanto earthquake of 1923, which left 150,000 people dead or missing and about half a million residences in Tokyo levelled. By the end of the Taishô period, Japan was in depression, the *zaibatsu* conglomerates (such as Mitsubishi, Mitsui, and Sumitomo) were beginning to take over the economy as private banks failed, and they were cultivating ever-closer connections with the political parties and the military. This meant that wealth was being concentrated into fewer hands, and more of the urban population was struggling to maintain their way of life.

Hence, by the start of the increasingly militaristic Shôwa period, Japan was ripe for change once again: the democratic window appeared to be closing.

Early Shôwa and war in the Pacific

Following the collapse of the New York Stock Market in 1929, economic depression swept the globe. Japan took the yen off the gold standard in 1931 and watched its value slump by 50% against the dollar. Unemployment rose dramatically, quickly reaching over 20%. In the urban centres, where the modern life of Taishô had seemed so exciting, the darker underside of the modern condition became readily apparent. Intellectuals started to write about the crisis of capitalism and the angst of modern life. Despite being illegal after the 1925 Peace Preservation Law, the communist movement simmered in the universities. The emblems of urban chic – the *moga* waitresses and shop attendants – gradually became seen as euphemisms for prostitutes in the popular imagination. Modernity began to look like an infection that threatened the soul and even the wellbeing of Japan, rather than a material boon. The people of Japan, already struggling in the late 1920s, turned their frustrations against the political parties, accusing them of being the 'running dogs of capitalism'. Clandestine political movements began to agitate.

The early 1930s saw political violence rise to an all-time high, and a number of commentators have referred to it as the period of 'government by assassination'. The first victim was Prime Minister Hamaguchi Osachi, who was shot in Tokyo Station by a member of an ultranationalist group in 1930, following his failure to secure a more equal naval treaty with the British and Americans at the London Naval Conference earlier that year. In the following year, government authorities discovered and thwarted two separate plots for a *coup d'état*. In 1932, the next prime minister, Inukai Tsuyoshi, was assassinated by a clandestine group of naval officers after he failed to support actions by the Imperial

Kwantung Army in Northeast China. This series of events at the start of the 1930s effectively ended parliamentary rule and marked the move towards greater military control of governance. Whilst large sections of the population reacted with horror to these developments, the military could count on significant support particularly in rural areas. The promise of imperial greatness, of a return to the glories of Meiji, provided an enticing distraction from the problems of the time.

Meanwhile, the military itself had also grown factional and restive. In particular, the Kwantung Army, which had been created in 1906 to protect Japan's interests in Northeast China, began to agitate for action. The commander in the field, Colonel Ishiwara Kanji, had a millenarian vision of the coming of the 'final war' in which the nations of the world would be punished for the moral corruptions of modernity. His solution was to propose that Japan should take over Northeast China and use it as a social laboratory to test new and better forms of organization; he wanted to forge a new post-capitalist society based on non-selfish principles. His motivation was largely Buddhist rather than Communist. To this end, without orders from Tokyo, the Kwantung Army orchestrated an attack on the Northeast China railway, which they were supposed to be guarding. They exploded a section near Mukden and proceeded to blame the attack on local Chinese forces, using this as a pretext to launch an offensive and the formal occupation of Northeast China. In Tokyo, this *fait accompli* was greeted with shock by then Prime Minister Inukai, who refused to condone the annexation of Northeast China as a colony. After his assassination, the puppet state of Manchukuo was formed in March 1932. This 'September 18 Incident' marked the start of the so-called Fifteen Years' War between China and Japan. In the depressed environment of Japan at the time, a majority of the Japanese people received news of the Kwantung Army's victories and the expansion of the empire with jubilation.

The international community, in the form of the League of

Nations, in which Japan had played a leading role, took measures to condemn the occupation. It refused to recognize Manchukuo as an independent state, and its Lytton Report called for Japan to withdraw its forces from Northeast China in February 1933. But this was too little too late. In Japan, the condemnation of the League merely confirmed the duplicity of the Western powers, and particularly the British who dominated the council. Japan simply withdrew from the League, claiming that it would now 'follow its own path in Asia', implicitly accusing the League of being a regional rather than a universal organization. A result was that many Japanese felt vindicated in their beliefs that the Western powers were fundamentally racist against Japan and Asia more widely; Japan became increasingly isolated from the international community and hence increasingly reliant on its own military power.

Japan's 'own path in Asia' unravelled quickly in Japan. Within five years, the military had appropriated nearly 75% of the national budget, and much of the decision-making about foreign policy and domestic budgets was being made in discussion between factions of the military, the leaders of which enjoyed direct access to the emperor under the principle of the independence of supreme command, enshrined in the Meiji Constitution. Inspired by the radical work of Kita Ikki, unsatisfied with the ongoing vestiges of party politics, and arguing that Japan had lost the authentically imperial spirit of the Meiji Restoration, a group of officers from the so-called Imperial Way Faction (*kôdô-ha*) launched a military *coup d'état*. On 26 February 1936, the group seized control of downtown Tokyo, executing the finance minister and former prime minister Saitô, but mistakenly assassinating Prime Minister Okada's brother-in-law instead of Okada himself. The group then called on Emperor Shôwa to announce a Shôwa Restoration, which would place him in direct control of the Imperial Army and launch a new era of imperial glory for Japan.

The emperor was apparently horrified by this egregious breach of the constitutional order, and the coup was finally quashed by troops from the competing Control Faction (*tôsei-ha*), which included future prime minister and general Tôjô Hideki. Rather than breaking the control of the military, however, this coup served to consolidate the power of the Control Faction.

In an attempt to constrain the military, the last surviving *genrô*, Saionji Kinmochi, recommended Prince Konoe Fumimaro as the next prime minister. However, even the eminent Konoe could not constrain the army's ambitions. Within a few weeks of his taking office, on 7 July 1937 the Imperial Army exchanged fire with Chinese soldiers at the Marco Polo Bridge, south of Beijing. It is not clear who fired first, but many historians argue that the Japanese Army manufactured this skirmish as a pretext for escalation. Whatever the truth of this, it is certainly true that the Imperial Army was ambitious for further action in China.

In the end, Konoe himself was an advocate of Japanese expansionism. Rather than trying to restrain the army in China, he authorized the escalation of the conflict, and the army immediately launched a massive offensive. By mid-December, Japanese forces had pushed south from Beijing as far as Shanghai and Nanjing. The conduct of the Imperial Army in Nanjing was horrifying and mystifying. Japanese troops herded together tens of thousands of civilians and surrendered soldiers and murdered them; they raped and killed perhaps 20,000 women of all ages. The total number of casualties is still contested to this day, with numbers ranging from tens of thousands to 300,000 deaths. The terrible violence continued for nearly two months. The question of why the Imperial Army behaved in this appalling way, and why the High Command permitted the atrocities to continue for nearly two months has still not received a satisfactory answer.

A small number of right-wing revisionists in contemporary Japan

A small number of right-wing revisionists in contemporary Japan argue that the Nanjing Massacre never happened; they claim that it was invented by the victorious Allied Powers after the end of the war as a means to further punish and victimize the Japanese. A famous example of this view can be found in the controversial manga of Kobayashi Yoshinori, *Sensôron* (On War, 1998). Some high school history textbooks in Japan refer to the events in neutral terms as the Nanjing Incident (*Nankin jiken*) rather than as the Nanjing Massacre (*Ninkin daigyakusatsu*), triggering protests of atrocity-denial in China. This 'textbook controversy', which also involves the under-representation of so-called 'comfort women' (sexual slaves of the Imperial Army) still rages to this day. Historians such as Inega Saburô filed lawsuits against the Ministry of Education for trying to censor their frank disclosure of Japanese wartime atrocities. Ienaga's fight was highly publicized around the world: Noam Chomsky nominated him for the Nobel Peace Prize (1999, 2002).

After the initial push south, the war in China gradually ground to a stalemate in late 1938. Spurred on by the Anti-Comintern Pact, which Japan had co-signed with Nazi Germany in 1936 (and Italy in 1937), the Japanese army decided to push north into Siberia instead. However, the epic tank battle at Nomohan in the summer of 1939 was so disastrous (for both the Japanese and the Soviet Union) that all plans for a northerly advance were abandoned, and a Neutrality Treaty was signed with the USSR in 1941 (following Hitler's Non-Aggression Treaty in the autumn of 1939).

With stability in the north and stagnancy in China, the Imperial Forces started to consider other options. After signing the Tripartite Pact with Germany and Italy in 1940, which was really targeted against the USA, Japan was able to move south into Indo-China, since the French Vichy regime were obliged to collaborate with Germany's allies. At this point, President Roosevelt, in an America struggling to maintain its policy of isolationism, drew a line in the sand and imposed an oil embargo on Japan unless it retreated from China. At the same time, after consolidating all of the political parties into a single *Taisei yokusankai* (Imperial Rule Assistance Association) and all the labour unions into the *Sanpô* (Patriotic Industrial Service Federation), Konoe was replaced by General Tôjô Hideki, who became the first prime minister of Japan to simultaneously hold offices as a full general and as Army Minister.

Tôjô's response to the American embargo was to see it as a noose around the neck of Japan, and he resolved to take dramatic action to break free of it. Rather than capitulate to pressure from the Anglo-American powers once again, Tôjô decided to launch a new offensive into Southeast Asia, against the British and Dutch territories, and also to make a definitive strike against the American Pacific Fleet in Pearl Harbor. On 7 December 1941 (8 December in Japan), the Japanese navy launched an all out attack against the USA, destroying two battleships, two destroyers, nearly 200 aircraft, and damaging at least ten other warships. The attack killed or wounded nearly 4,000 Americans. By contrast, the Japanese lost less than 30 aircraft and 65 men.

Like Japan's attack on Port Arthur in 1904, the strike against Pearl Harbor happened before a declaration of war was communicated. In fact, the declaration was delayed until just after the attack by the Japanese Embassy in Washington, where the staff took too long to decode and translate the message. Nonetheless, the fact of this 'surprise attack' (and the propaganda that was produced about it afterwards) played a significant role in mobilizing public opinion in the USA against Japan, and thus steeled the American people for the Pacific War that followed. By contrast, Tôjô and the planners in Tokyo had planned Pearl Harbor to be so devastating that the American public would lose all stomach for war with Japan and hence surrender quickly. The popular view of 'Americanism' in Japan at that time was of an uncultured land of bubblegum, tall buildings, and moral vacuity: it was modernity

7. The Pearl Harbor attack, 7 December 1941. *USS Maryland* can be seen alongside the capsized *USS Oklahoma*, while *USS West Virginia* burns

gone mad. This was perhaps Tôjô's biggest miscalculation.

Nonetheless, Pearl Harbor itself was counted a great victory against the USA. Singapore and the Malay Peninsula quickly fell from the British. The Philippines were taken, and the Dutch East Indies also fell to the Imperial Army. By 1942, the Japanese empire reached from Sakhalin in the north and swept down through Manchukuo, swathes of China and Korea, and then back through the archipelagos of Southeast Asia to Japan. In Tokyo, a Great East Asia Ministry was established to administer the empire as a so-called 'co-prosperity sphere' (*kyôeiken*) – this was supposed to be the substance of Japan's 'own way in Asia'.

The ideology of an anti-imperial empire

In November of 1943, the leaders of the subjugated nations (or 'member states') were invited to Tokyo to participate in the first and only Greater East Asia Conference, at which the delegates were invited to discuss how best to organize the co-prosperity sphere for the mutual benefit of all the members. Pan-Asianism, which had been bubbling through Japanese public opinion since the Meiji period, became the rhetoric of the Japanese empire. In reality, Tokyo was finding it increasingly difficult to sustain its expansive empire, and it realized (too late) that it needed to cultivate the good will of its colonies. It also realized (again too late) that some of the other peoples of Asia were also fed up with Western imperialism, and that they might voluntarily join a movement that genuinely sought to throw the West out of Asia: Asia for the Asians. By this time, however, any pretence that Japan's empire was in any way anti-imperialist was horribly and offensively ridiculous.

Within Japan itself, the rhetoric of the co-prosperity sphere was hotly debated. In 1933, Konoe had established a 'brain trust', the *Shôwa kenkyûkai*, which was charged with drawing up plans for a New Order in East Asia. The members included the Kyoto School philosopher Miki Kiyoshi, whose essay '*Shin Nihon no shisô genri*' ('The Intellectual Principles of the New Japan', 1939) helped to establish the parameters of a vision of Japan and East Asia that had passed through modernity and challenged the imperialism of the West. In an attempt to 'clarify the national polity' with regard to these questions, the Ministry of Education published the notorious *Kokutai no hongi* (Fundamental Principles of our National Polity) in 1937. Between 1941 and 1942, four other members of the Kyoto School, including Nishitani Keiji, Kosaka Masaaki, Suzuki Shigetaka, and Koyama Iwao, held a series of public symposia themed on 'The World-Historical Standpoint and Japan', 'The Ethics and Historicity of the East Asian Co-Prosperity Sphere', and finally 'The Philosophy of All-Out War'. Intellectuals from other schools of thought also joined in the discussion in the famous 'Overcoming Modernity' symposium of July 1942. Even the father of modern Japanese philosophy, Nishida Kitarô, joined the debate when he wrote a short essay (apparently designed to be read by Tôjô himself) entitled 'Principles for a New World Order'.

The issues at stake in these debates were serious: how could Japan overcome the cultural hegemony of modernity *qua* Westernization and somehow pass through this borrowed modernity into an authentic modernity of its own; how could (and should) Japan help other nations in Asia to do the same thing; and finally how could Japan build a regional order that encompassed other nations in Asia without that order being an empire? The resolutions to these issues reached by the various voices remain contested to this day, and the debate about how/whether to overcome modernity itself has resurfaced in the postwar period in terms of Japan's desire to retain its identity in an increasingly Americanized world.

In fact, by the time that it organized the Great East Asia Conference, Japan was already losing the war. After defeat at the Battle of Midway in June 1942, at which Japan lost vital aircraft carriers, the tide had turned against it. By July 1944, when US forces captured Saipan, Japan was finally in range of Allied bombers and the war was basically lost. Tôjô resigned from office in the same month, and in February 1945 Prince Konoe petitioned the emperor to surrender in order to alleviatc the terrible suffering of his people: the conditions of 'total war' had reduced much of Japan to extreme poverty and even starvation; air-raids and fire-bombings made the major cities almost uninhabitable. It is not clear whether Hirohito himself refused this petition, or whether it was refused for him by senior military officers who still believed in the possibility of a *tennôzan* (a victory). Whichever the case, the Japanese continued to fight with increasing ferocity and desperation: the so-called *kamikaze* (divine wind) suicide squadrons (officially these were 'special attack units' or *tokubetsu kôgeki tai*) bombarded Allied shipping; during the terrible Battle of Okinawa, thousands of Japanese civilians fought the American invaders with sticks, rocks and bare fists, retreating back into the mountains until there was nowhere left to go, and then killed themselves to prevent capture. When Okinawa finally fell, a quarter of a million Japanese had died, including 150,000 civilians.

It is in the context of this kind of fanaticism that historians attempt to judge the necessity of the atomic bombings of Hiroshima and Nagasaki. Indeed, the dedication of the Japanese civilians and military led the US government to commission an anthropologist to attempt to explain why they were so devoted and what it might take to achieve final victory. The result, Ruth Benedict's famous monograph, *The Chrysanthemum and the Sword* (which was published in the form of a book in 1946), represents the start of Modern Japan Studies and its relationship with the US government in particular.

After threatening Japan's 'prompt and utter destruction' in the Potsdam Declaration of 26 July, the USA bombed Hiroshima on 6 August 1945, the USSR invaded Japan's Northern Territories on 8 August, and then the USA bombed Nagasaki on 9 August. Japan's situation was hopeless. But even then the chiefs of staff and the army minister refused to surrender unless the Allies would guarantee the survival of the emperor. The USA would only reply that they would leave the future of Japan in the hands of the Japanese people themselves, which did not reassure the Japanese elites who had always been so suspicious of the masses. Finally, Emperor Hirohito himself intervened on 14 August to break the deadlocked council, and he surrendered, making a radio broadcast to his shattered nation the next day. On 2 September, on board the *USS Missouri* in Tokyo Bay, the document of surrender was signed.

Given the terrible damage and suffering inflicted by them, the use of the atomic bombs against two Japanese cities,

8. The mushroom cloud over Hiroshima reached more than 20,000 feet into the air

especially the second, are still the focus of controversy today. A particular question has been whether they were actually necessary, or whether Japan had already lost the war. It had no resources and no allies, its navy had been destroyed, it was vulnerable to air attacks on its cities, against her were assembled the powers of the USA, Britain, the USSR, and an emerging China. Could their use have been avoided? Various theories have been suggested, including that the USA dropped the bombs as part of a scientific experiment to see what effect they would have on a populated urban area, or that the bombs were designed primarily to intimidate the USSR, with a eye on the postwar settlement and the Cold War. However, when asked about the decision to drop the bombs, US Secretary of War Henry Stimson answered simply: '*it is seldom sound for the stronger combatant to moderate his blows whenever his opponent shows signs of weakening*'.

In his famous radio speech to the people of Japan, Emperor Hirohito singled out the A-bombs as part of the reason for his decision to surrender. He emphasized the moral and spiritual strength of the Japanese nation (and of the East Asian peoples), but stated bluntly that superior modern technology had tilted the balance in the war: Japan was overcome by modernity after all. Hirohito's words warned that the use of this kind of technology risked bringing about the end of civilization itself. His meaning is contested, but the spirit of his speech suggests that the Japanese should not allow the power of material technology to destroy their spirit or to eradicate their 'Japaneseness'; if modern technology is allowed to rule over everything, what is to become of the spirit that makes us human?

Postwar Japan should retain its spiritual wealth even in the face of saturation by modern technology.

Chapter 4
Economic miracles and the making of a postmodern society

A new start: the US occupation

In his first ever radio broadcast to the people of Japan, on 15 August 1945, Emperor Hirohito called on them to 'endure the unendurable and bear the unbearable'. The invincible and sacred Empire of Japan had been defeated; despite all the sacrifices, toil, and suffering, Japan had finally lost. In a surprisingly high-pitched voice, using archaic Japanese that many could not understand, the emperor apologized for the fact that the 'war had developed in a manner not necessarily to Japan's advantage'. He expressed his regrets to the Japanese themselves, but also (still clinging to the rhetoric of the co-prosperity sphere) to Japan's allies in East Asia. In an intriguing twist that would occupy historians and commentators for decades thereafter, Hirohito called on Japan to *endure* the changes that would inevitably follow, so that Japan could 'keep pace with the progress of the world', as though the impending reforms were instrumental measures to guarantee the survival of the 'innate glory of the imperial state'. In much the same way that Meiji revolutionaries had called for *wakon yôsai* (Japanese spirit and Western technology) as a strategy to both modernize Japan and to preserve its essence, so Hirohito seemed to suggest that a version of this strategy should be employed in the postwar period as well.

Reactions to the news of the defeat were diverse. On the one hand, there was an understandable incomprehension and despair: after all that the homeland population had been through, and after all that they had been told about the glories of the Imperial Army, how could the eternal empire have lost to the decadent and morally defunct West? For some, despair slid into dishonour, and approximately 350 military officers committed suicide to atone for their failure to protect the homeland. There was a sense of fear and apprehension, since the people had been told that the Americans were little more than monsters who would plunder the land and rape the women. For those in positions of power and influence, fear was more particular, and the night of 15 August was lit by the flames of great bonfires as records and incriminating documents were burned. But for many Japanese, the end of hostilities and the prospect of the arrival of the Americans brought a sense of relief and even hope: the war had been a terrible ordeal, and perhaps it was time for a change.

The reality of the occupation managed to meet the expectations of everyone. There was a level of humiliation for the Japanese. In fact, one of the first moves by the Japanese government was to organize 'comfort stations' (that is, brothels) to service American GIs. The American occupiers were quick to take advantage of this generous provision, although they finally banned state-sponsored stations in January 1946 as a violation of women's human rights (prostitution remained legal). There was a level of starvation and suffering, as the Japanese simply ran out of food and supplies, and the domestic economy slumped into collapse as though the tension had just been let out of it. The contrast with the well-fed Americans was stark, and a gloomy atmosphere of depression set into some of the major urban centres. But at the same time, the occupation brought opportunities for entrepreneurs – not just for pimps and prostitutes, but for translators and for businessmen of all kinds. And finally, it became immediately apparent that the Supreme Commander of Allied Powers (SCAP), US General Douglas MacArthur, had grand plans for the reconstruction of Japan; there would be new opportunities for everyone.

Although the occupation of Japan was technically a multilateral enterprise under the supervision of the Far Eastern Advisory Commission (which included representation from Australia, Britain, Canada, China, France, India, the Philippines, and the Netherlands), in practice it was an American show from the start. The USSR pushed for some involvement in the Allied Council on Japan, but MacArthur had already made substantial reforms in Japan before that body had its first meeting in February 1946. Washington was adamant that the new Japan would remain within its sphere of influence in the postwar international order.

Despite MacArthur's significant freedom to manoeuvre, he chose a tactic of indirect rule in order to maximize his effectiveness. In particular, realizing the symbolic value of the office, he decided immediately that the emperor should be protected and preserved. Indeed, sharing an insight that had been a commonplace throughout Japanese history, he feared that the abolition of the emperor might make the Japanese people ungovernable. Furthermore, for purely practical and linguistic reasons, MacArthur had to rely on a staff of Japanese interpreters and translators in order to get work done. Hence, SCAP employed a corps of bilingual political technicians to intervene between its government headquarters (GHQ) and the Japanese government itself, which was also retained. The result was that the Japanese authorities maintained the feeling (and to some degree the reality) of continuity and of being involved in the decision-making process, which helped MacArthur to push through his reforms, but which also left segments of the wartime and pre-war Japanese bureaucracy in place.

MacArthur's plans for reform were ambitious. Based on the assumption that wartime Japan had suffered from over-centralization, militarism, and fascism, he set out his plans

9. Hirohito and MacArthur, in 1945

according to two interlinked 'solutions to the Japan problem': demilitarization and democratization.

The simplest of these was the first: MacArthur immediately dissolved all of Japan's military forces, both within Japan and beyond, which meant repatriating nearly 7 million people. He disbanded the Special Higher Police (the so-called 'thought police') that had monitored political criminals and intellectual dissidents during the war, and then he started his own purge of the politically offensive (removing 200,000 people from their posts in government, the bureaucracy, and business). Seeking to address the problem of the emperor cult, even if not the issue of the person of the emperor himself, SCAP then disestablished the state Shintô religion and forced the emperor to publicly renounce his divinity.

The showcase of the demilitarization campaign came in the form of the International Military Tribunal for the Far East (aka the Tokyo Trials), which were held between May 1946 and November 1948. These trials, which were designed to be the equivalent of the Nuremberg Trials in Germany, have been the subject of great controversy, and accusations of 'victor's justice' have been common; it is certainly the case that many more prisoners were executed in Tokyo than in Nuremberg, and some senior officers were executed for the unprecedented crime of 'conspiracy to wage war' rather than for war crimes themselves. The headline case was that of Tôjô Hideki himself, who was found guilty of war crimes and conspiracy to wage war, and was hanged. However, perhaps the most conspicuous aspect of these trials was the fact that MacArthur kept the emperor off the stand. For a number of postwar Japanese intellectuals, such as the political theorist Maruyama Masao, the failure to make the emperor face up to his responsibility was detrimental to MacArthur's second great ambition, the democratization of Japan, since it set a dangerous precedent that undermined the notion of political subjectivity that is essential for democratic consciousness.

Perceiving an apparent connection between militarism and monopoly economics, MacArthur's push for democracy began with measures to decentralize the economy. He affected a series of land reforms that forced landowners to sell all but a single plot of their holdings, thus enabling workers to own the land that they farmed. But the showpiece of economic democratization

10. The Tokyo Trials for war crimes

was the plan to dissolve the *zaibatsu* conglomerates, which MacArthur associated with Japanese imperialism. SCAP was convinced that these conglomerates had orchestrated the war economies of Japan's colonies. In the end, however, the dissolution of the *zaibatsu* was incompletely implemented. In many cases, the family holding companies were dissolved, but the networks quickly reformed around the banks that replaced them. The resulting units, which shared some characteristics with the *zaibatsu*, came to be known as *keiretsu*. The most famous names in Japanese business – Mitsubishi, Mitsui, Fuji, Sumitomo, Nissan – all continued into the postwar period.

In terms of social and political measures to promote democracy, SCAP immediately declared that it would protect the natural rights and freedoms of the Japanese citizens. For the first time in Japan's history, it announced the equal rights of women and minority groups. It gave workers the right to form unions and the right to strike. To promote intellectual freedoms, SCAP introduced education reforms (particularly to replace 'ethics' classes in which the *Kokutai no hongi* had been taught during the war), increased the compulsory level of education (to grade nine), and purged politically suspect professors. Furthermore, it outlawed (Japanese) censorship, although it engaged in censorship itself, and it declared an amnesty for political prisoners, which effectively meant releasing communist sympathizers.

In the political sphere, SCAP encouraged the development of new political parties, even though in practice these became re-fashionings of the wartime parties. Again, continuity was smuggled into reform. The *Seiyûkai* reformed as the *Jiyûtô* (the forerunner of today's Liberal Democratic Party, LDP), while the *Minseitô* reformed as the *Shinpotô* (Progressive Party). After a series of intrigues (and some covert support by the CIA), Yoshida Shigeru emerged as the first postwar prime minister, as leader of the Liberal Party in 1946. Indeed, the pro-American Yoshida would be prime minister on and off for the next eight years.

However, the showpiece of the democratization campaign was the promulgation of an entirely new constitution in November 1946 (coming into effect in May 1947). At first, MacArthur thought that it was important that the Japanese themselves took a leading role in the authorship of the document. In October 1945, he charged legal scholar Matsumoto Joji with forming a committee to redesign the constitution before December of that year (that is, before the first meeting of the Allied Council on Japan, in which sat the USSR). The so-called Matsumoto Committee made a series of recommendations for the new Japan, including strengthening the rights (and duties) of the Japanese people. However, Matsumoto's report recommended that the emperor should retain sovereignty (although the emperor should be encouraged not to exercise his power very often), and that elected officials and ministers should offer advice to the emperor. MacArthur found the Matsumoto report wholly unacceptable, and immediately commissioned the American chief of the Government Section, Courtney Witney, to draft something more suitable. In the end, partly due to a misunderstanding about the status of his document (which the Japanese authorities believed was being presented to them as the final text), it was Witney's draft that passed into law in 1947, almost unaltered by the Japanese themselves.

The 1947 constitution, which was technically promulgated by the emperor as an amendment of the Meiji constitution, transforms the emperor into 'the symbol of the unity of the Japanese people' and locates sovereignty in the people themselves. It guarantees the rights of the people on the model of the US Declaration of Rights, and it establishes a bicameral parliament on the Westminster model. Controversially, in Article 9, it also forbids Japan from developing an army, a navy, or any other 'war potential'. After more than 60 years, the 1947 constitution holds the singular distinction of being the oldest, unamended constitution in the world today.

However, the agenda of the occupation forces changed abruptly towards the end of 1947. The international environment was shifting after the Iron Curtain had fallen in Europe and the nationalist forces had started to stumble in China. The ideological and territorial ambitions of the Soviet Union were becoming clear in Washington, and this made MacArthur sensitive to the increasingly active labour movement and the growth of the political left in Japan. SCAP itself had released many leading communists from jail during the postwar amnesty, and it had legalized the Japan Communist Party in 1945. The new Japan Socialist Party returned 92 seats (18% of the vote) in the first postwar election in 1946, and this shot up to 143 seats (28%) in 1947. Hence, by the end of 1947, SCAP began to realize that the danger in postwar Japan was no longer the resurgence of fascism, but rather the rise of communism, and it made a radical reversal in its ambitions in order to confront this new challenge.

The early signs of the so-called 'reverse course' appeared at the start of 1947, when a coalition of labour unions (totalling over 2 million workers) took advantage of their new rights by attempting to organize a general strike. The strike was planned for 1 February, but SCAP stepped in at the last minute and banned the strike on the night of 31 January. For many commentators, this step critically undermined the fledgling labour movement in Japan, and union membership dropped off sharply thereafter (from over 50% to less than 25% of the work force in the 1960s). Union membership remains low to this day, and most are now small-scale 'enterprise unions'.

Very quickly, MacArthur's plans turned from demilitarization and democratization to re-militarization and economic stabilization. The USA now wanted Japan to become its Pacific ally in the global fight against communism. Hence, SCAP instigated a 'Red Purge' that removed 13,000 people from politics and business on the basis that they were 'impeding the goals of the occupation', which had been the same justification used during the purge of the political right. In some cases, the reverse purge literally resulted in the reinstatement of the original wartime occupant of a post. At the same time, MacArthur abandoned his campaign against the *zaibatsu*, which was taking much longer than expected and was seriously damaging the economy. And finally SCAP pushed the Japanese government into establishing its own paramilitary National Police Reserve in 1950, which would eventually form the basis of a more substantial military force: in 1952, it became the National Safety Agency, and then in 1954 the Self-Defence Forces were established, which remains the name of Japan's army, navy, and air force to this day. The question of whether these military forces abrogated (and continue to contravene) Article 9 of the 1947 constitution remains hotly debated today.

The final issue for the occupation forces was the overall health of the Japanese economy. Between 1945 and 1949, inflation had been rampant and out of control, seriously undermining economic and political stability, and raising fears in Washington that the people of Japan would be pushed into the arms of communism. Above all, the capitalist block should build its defence against the communists with a wall of prosperity: a 'crescent of affluence' would contain communist expansion in Asia. The proposed solution was to call in the Detroit banker and auto-executive, Joseph Dodge, to reorganize the economy and attempt to get Japan back on its feet. The so-called 'Dodge Line' was basically an austerity plan, which dramatically cut public spending (abolishing state subsidies and loans, and sacking over 100,000 public employees), decentralized control of foreign currency, and fixed a very favourable exchange rate between the yen and the dollar (360:1) to promote exports. The exchange rate, which increasingly undervalued the yen, was fixed until the 1970s.

Whilst the Dodge Line succeeded in bringing inflation under control, there was every sign that it was going to kill Japan completely. Then, in 1950, Prime Minister Yoshida received a 'gift from the gods': the Korean War. The 'blessed rain from heaven' came in the form of 2 billion dollars' worth of war procurements (which amounted to 60% of Japan's exports over the next three years); exports tripled, production rose by over 70%, and Japan's GNP grew at 12% per annum.

Rather than the Dodge Line, it was the Korean War boom that laid the foundations for Japan's remarkable (even miraculous) economic growth over the next 20 years. At the start of the war, Japan's GNP stood at only 11 billion dollars. By the mid-1950s, it had grown by 250%. By the early 1970s, at over 300 billion, it was the third largest economy in the world (behind the USA and USSR).

11. Prime Minister Yoshida Shigeru

Indeed, Japan's sudden and profound economic growth, combined with the establishment of its 1947 constitution and the beginnings of a military force, meant that the occupation was drawn to a close much earlier than anyone expected. In September 1951, in San Francisco, representatives of 48 nations signed the official peace treaty with Japan, bringing an end to the occupation in April of 1952, just seven years after it had begun. In order to facilitate the rapidity of this move, the USA made separate defence agreements with other key allies in the Asia-Pacific, and also provided for the possibility that Japan's Asian neighbours would be able to negotiate reparation agreements on their own terms afterwards. For Washington, it was important to end the expensive occupation of Japan as quickly as possible, and to establish Japan as a key ally in the hot Cold War in Asia. To this end, only a couple of hours later, Japan and the USA also signed the US–Japan Security Treaty, which continues to tie the USA to the defence of Japan to this day.

For various reasons, the San Francisco Peace Treaty was controversial. A number of nations, including Britain, complained that it was not sufficiently harsh on Japan, and that it should at least have provided for reparation payments to the victims of Japanese imperialism. For the USSR and its European partners, the provision to leave US troops in Japan after the occupation was particularly offensive, and they refused to sign the agreement. And finally, China was not even invited to the conference. In Japan itself, there were mixed feelings about the terms of the peace. On the one hand, the Japanese were pleased and relieved to be regaining their sovereignty, but it appeared to be only a partial sovereignty, since the USA would reatin military bases in Japan and would also keep control over the islands of Okinawa for the foreseeable future (in the end, until 1972). In addition, the US–Japan Security Treaty looked like a double-edged sword, providing a militarily vulnerable Japan with a level of protection, but at the same time implicating Japan in US foreign policy and potentially dragging Japan into other US conflicts. The complexities of this settlement would haunt Japanese foreign policy for many decades.

The economic boom

The early postwar period witnessed incredible change in Japanese society, perhaps paralleled in scale only by the transformations of the early Meiji period. Indeed, the question of Japan's identity in the new world order that was emerging from the wreckage of World War II was just as real and vital as the question had been when Japan had entered the modern world in the 19th century. And a number of the issues were the same: Japan found itself impoverished and at the mercy of the Great Powers of the West, now the superpower of the USA; it found its traditions devastated and a new way of life being urged upon it, with the promise of great riches and power. The parallels were not lost on everyone. For some, the end of the wartime regime and the advent of a pacifistic and democratic constitution represented an opportunity to break with the past and to forge a new Japan. For the majority, struggling to come to terms with what had happened, what had been lost, and what might be gained, there was a complex web of imperatives for continuity with the past and change in the present. For the first time in Japanese history, choices about the future seemed to lie in the hands of the masses themselves. The 1950s and 1960s were culturally and politically volatile decades, even as they were economically miraculous.

In a characteristically pragmatic move, the majority of the people threw themselves into industry to rebuild their nation, whatever it would turn out to be. In the early 1950s, the Japanese government sought to kick-start the process with its first 'rationalization' drive, targeted at the core industries of steel, iron, and coal mining. The metals industry, fed by nearly ¥750 billion, exploded. The amazing growth, which made the ruined postwar Japanese steel industry into the second most profitable in the world before 1959 (behind the USA), was fed not only by the tremendous demand from US forces in Korea but also by the steady influx of new technologies from Europe and the USA. Because Japan did not have to invest in research and development (since ready-made technology could be bought in from outside), growth was rapid.

The growth in the metals industry had a knock-on effect in other industries, such as shipbuilding and (later) automobiles. In terms of shipping, Japan already had a tradition (it was the world's third largest manufacturer in 1935) but its resources had been ruined by the war. Again, partly in response to the demand triggered by the Korean War and partly due to the influx of new technology, Japan was able to rapidly form a new shipbuilding capability. By 1960, Japan was the world's largest shipbuilding nation. By 1975, nearly 50% of the world's new ships were made in Japan.

Many of the giant Japanese car manufacturers started life in this Korean War boom: Nissan, Toyota, and Isuzu all produced vehicles for the US forces, following US designs, but engineered in Japan. Not only did this lead to tremendous growth in the automobile industry, but it also provided Japanese manufacturers with free technology transfer – which would become crucial in the high-growth 1960s. Domestic demand for cars did not really take off until the early 1960s, since per capita income remained low: in 1956, Japan produced only 100,000 vehicles for domestic consumption; by 1963, the figure was 1 million; and in the late 1960s, it was closer to 4 million. By 1967, Japan was the world's second largest car manufacturer.

It was not only the heavy industries that benefited from the economic boom – increasing national wealth had a knock-on effect in other sectors – this was the birth of consumer Japan. Companies like Hitachi and Matsushita Electric started manufacturing washing machines, televisions, and refrigerators – and production of each increased by at least eight times during the late 1950s. Whilst only 1% of homes had televisions in 1956, by 1960 the figure was more than 50%.

If anything, growth in the 1960s was even greater. Prime Minister Ikeda's famous 'income-doubling plan', which was set into motion in 1960, was designed to double Japan's national wealth in 10 years. In fact, this unprecedentedly ambitious plan underestimated the expansion of the Japanese economy – the GNP tripled between 1960 and 1971, representing an average yearly growth rate of 12.1%. By the end of the 1960s, Japan no longer had a balance of payments deficit, which had been acting as a periodic drag on growth up until that point.

However, those who like to talk about an 'economic miracle' should remember that all industrial economies experienced rapid growth during the period from 1950 to 1970. Growth in itself was not unique, although the speed (more than 10% per year) certainly was. Most commentators attribute this 'miracle' to a constellation of very mundane factors: the yen-dollar exchange rate was fixed at 360:1 by the Dodge Line, and it was held artificially at this level until 1971, hence the yen became increasing undervalued, thus stimulating exports; like the rest of the Western world, Japan benefited from a newly liberal trade regime under Bretton Woods and GATT; unlike the rest of the Western world, Japan did not have to spend much of its budget on its military, since it remained sheltered under the US–Japan Security Treaty; as a latecomer amongst the advanced economies, in a liberal trade regime, Japan could buy in new technologies rather than spend time and money on developing them; rapid population growth was accompanied by a tremendous expansion of the education system. Perhaps the most hotly debated 'unique' element in Japanese growth was the role of the bureaucracy and economic management. There is a strong case to be made that the Ministry of International Trade and Industry (MITI) and other ministries (especially the Ministry of Finance, MoF) played a leading role in Japan's rapid growth through a formal and informal *gyôsei shidô* (administrative guidance). However, a simple factor that should not be forgotten was the hard work, industry, and entrepreneurship of the Japanese people themselves. The quip that the 'Japanese work too hard' has a solid basis in reality:

the average Japanese salaryman worked such long hours that they amounted to the equivalent of a full 12 weeks more per year than his European counterparts. In return for this dedication, the large companies offered their employees 'lifetime employment'.

Such rapid growth brought many advantages to the people of Japan: a new middle class emerged rapidly, with common values and aspirations, living in an increasingly suburban world, with paved roads and an extensive train network to help them commute to work. The iconic Shinkansen (bullet-train) went into service as early as 1964, between Tokyo and Osaka, linking the two major commercial cities with unprecedented ease and speed. 1964 was also the year when Tokyo proudly hosted the Olympic Games – a sign that Japan had not only re-entered the international community, but that it was a rich and respectable member of it. In the 1950s, consumers had talked about the 'three treasures' of domestic living (the television, the refrigerator, and the washing machine); by the 1960s, there were three new treasures (an air-conditioner, a car, and a colour television).

By the 1960s, access to the expanded education system was unprecedentedly meritocratic. Gone were the days when access to the elite public universities (the former 'imperial' universities) was determined by social class or financial means; for the first time in its history (and perhaps in the history of the world), the social distribution of entries into the best universities almost exactly matched the demographics of the country as a whole. This was a great testament to the uniform quality and wide availability of primary and secondary schools around the nation. A side-effect of this success was that competition for places at the best universities, particularly Tokyo University itself, was (and remains) incredibly severe. Pre-university students would work even longer hours than their hard-working '*sarariman*' fathers, and many (who could afford it) would attend special *gijuku*

12. The Shinkansen bullet-train

(cram schools) to maximize their chances of qualifying for their favoured school. Despite the meritocratic nature of admission to universities (or perhaps because of it), getting in to the right university is of immense importance for a student's career prospects. A graduate of the law faculty at Tokyo University is counted amongst the most elite fraction of her peers, and she has the choice of the top jobs in the government or big business. This 'examination hell' has made the suicide rate in Japanese schools amongst the highest in the world, and the expensive *gijuku* system has reinscribed the privilege of those with higher incomes.

If the great achievements in the sphere of education were accompanied by such serious social problems, so it was also the case that rapid economic development had a much darker side in other areas. Although they were now legally equal to men, women still occupied a different position in society. Just as they had worked for little reward in the textile factories during the war, so in the postwar period they dominated the work force in the electronics factories. Those who worked in offices tended to be employed as 'office lady' assistants and, until a High Court ruling in 1966, they were expected to resign their position once they got married. Progress in gender politics has been slow. Likewise the social discrimination suffered by ethnic minorities (especially the 540,000 Koreans who stayed in Japan after the war) and by social minorities (especially the *burakumin*) continues as a transwar phenomenon. Again, despite laws to protect these groups, sections of society have found ways around these rules.

Economic success also came at the expense of great environmental damage and pollution. The forests of Japan were pushed back into the mountains as the cities expanded to fill the scarce flat ground near the coasts (about 80% of Japan is too mountainous for development). The growth of heavy industry produced vast amounts of poorly regulated chemical waste that poisoned rivers and land. As early as the 1950s, people were complaining of mercury poisoning, which came to be known as Minamata disease after the area effected, and cadmium poisoning, which came to be known as *itai-itai-byô* (literally, 'it really hurts disease') after the symptoms. But it was not until the early 1970s that plaintiffs won any recognition or compensation for their suffering, or that proper environmental regulations were implemented. Thereafter, as its economy stabilized and rode out the oil shocks of the 1970s, Japan gradually became one of the world leaders in environmental protection.

The tribe of the sun

Amidst the rapidly changing material conditions of Japanese society, the people and their culture were also changing. The generation that had been born during the long years of war were turning into young adults in the early 1950s.

They had been deeply impressed by the experience of the US occupation, and the contagion of American culture spread through them rapidly. Not only that, but some of the American disdain for Japan's traditions had rubbed off on them. Youth cultures are rebellious all over the world, and the youth of 1950s Japan had more reason to rebel than most.

Only 14 years after the Imperial Navy attacked Pearl Harbor, a youth movement known as the *taiyô-zoku* (the sun-tribe) emerged in Japan. Its hero was the 24-year-old celebrity playboy Ishihara Shintarô, whose 1955 novel, *Taiyô no kisetsu* (Season of the Sun), set the tone for his fellow youth. The novel, which narrated the story of two brothers sharing a girlfriend, was both a critical success, winning the prestigious Akutagawa Prize, and a popular phenomenon. Only a year later, it had been made into a feature film of the same name. Other novels and movies followed in quick succession, all with the same kinds of themes: the sun-tribe pursued anti-establishment (and sometimes simply pointless) violence and casual morality, endorsing simple brutishness, cynicism, and abandon. Ishihara himself became an idol who seemed to live the life portrayed in his books and films. Like the Teddy Boys in London, the movement had a dress code: for the urban men, stylized 'Shintarô' haircuts and aloha sports clothes, with loose-flowing Byronic shirts, zoot coats, and suede shoes; for the girls, a red-dyed 'mop-top' haircut and toreador pants. Ishihara, still a controversial figure, would go on to become the governor of Tokyo in 1999.

The sun-tribe movement was a symptom of a larger current in Japanese society. It represented a release of tension in the form of (cultural and physical) violence, as popular culture swung towards the political right. The 1950s was a golden period in Japanese cinema, and, following the end of the occupation and its censorship laws, many of the films started to re-consider the events of the war in a distinctly anti-American manner. An early shot in this process was the 1953 film *The Tower of Lilies*, which portrayed young girls committing suicide rather than be captured by the Americans in Okinawa. Kobayashi Masaki's *The Room with Thick Walls* appeared in the same year; it suggested that American conduct during the war had been just as bad as that of the Japanese, and implied that a number of officers had been unjustly punished at the Tokyo Trials. Only one year later, the famous monster epic *Gojira* (Godzilla) was released, telling the story of how a nuclear explosion could have the unintended effect of releasing a giant monster on the world. The 1950s saw dozens of movies about the Japanese soldiers during the war, about the ways in which the *yakuza* (mafia) had preserved Japan's traditions of honour and martial valour, about samurai, and about monsters.

The politicians were not unaware of this turn in public opinion. In a deliberately ironic reference to MacArthur's famous 'reverse course', future Prime Minister Kishi Nobusuke would refer to a nationalist *gyaku kôsu* (reverse course) in the mid-1950s. Indeed, Kishi himself had been imprisoned as a class A war criminal until 1948, but he was approached by the CIA in 1955 to help unite the conservative factions in Japanese politics into a powerful single party that could ensure the failure of the growing socialist movement. The result, the establishment of the Liberal Democratic Party (LDP) in November 1955 changed the political landscape in Japan forever, inaugurating the so-called '1955 system'; it would remain in power continuously for the next 38 years. The party cultivated close contacts with the former *zaibatsu* and with the permanent bureaucracy, forming a so-called 'iron triangle' that functioned in a distinctly transwar mode. In 1957, Kishi himself became prime minister; just five years after the end of the US occupation (and his legal purge from public office expired).

Kishi's ideological stance was unambiguous. He called for revision of the 1947 constitution (which he argued had been imposed on an unwilling Japan by an occupying force) to permit the rearming of Japan and to declare the emperor the head of state. Should constitutional revision be impossible, Kishi advocated a flexible interpretation of its terms: he suggested that the imperial Rising Sun flag could be reinstated, that the *Kimigayo* national anthem should no longer be banned, that Shintô and traditional Japanese ethics should be more central to Japanese life, and that Japan should become more independent as an international actor (while maintaining a special relationship with the USA).

Kishi did not succeed in pushing all of these measures through the Diet and many of his policies (such as the 1958 Police Bill) met violent opposition from the press, students, and even from his own party. The JCP boycotted debates and tried to barricade the doors of the Diet chambers, while members of the liberal wing of the LDP (led by former prime minister Yoshida Shigeru and future prime ministers Ikeda Hayato and Satô Eisaku, who between them would govern Japan from 1960 until 1972) threatened to resign from the party.

However, the furore over the Police Bill was only a prelude to the greatest political crisis of postwar Japanese history, the so-called *Ampo* or Security Treaty Crisis of 1960. The crisis erupted when Kishi attempted to revise the terms of the US–Japan Security Treaty in time for its renewal. As early as 1958 he started the process of trying to convince the public that Japan needed America's security umbrella, but that it should also seek greater equality within the terms of the treaty, which would mean taking on more responsibility for its own military defence. However, large sections of the public were unconvinced by either assertion, finding both to be in contravention of the pacifist constitution: a coalition of opposition formed the *Ampo jôkai* (National Council against Revision of the Constitution).

Nonetheless, Kishi pressed on, flying to Washington to sign the revised treaty in January 1960. In February, it was presented to the Lower House, but hundreds of separate demonstrations outside, together with cow-walks and filibustering by the opposition parties paralysed the debate. On 19 May, the last day of the parliamentary session, the opposition kidnapped and locked up the speaker of the house to prevent discussion of the treaty, but Kishi called in the police to recover the speaker. He proceeded to exclude the opposition from the Diet chamber and to ratify the treaty himself, with only part of the LDP in attendance, in the middle of the night.

Over the next month, not a single day passed without protests in the streets. On 4 June, 5.5 million people went on strike in protest. On 10 June the Whitehouse press secretary made a visit to Japan to prepare for President Eisenhower's planned visit nine days later. His car was assaulted by demonstrators and he had to be airlifted to safety in a helicopter, while Kishi allegedly called out members of the *yakuza* to control the students. On 15 June, the Upper House received the treaty while a general strike was called and 100,000 protestors did battle with the police and *yakuza* outside the Diet. 17 June: the major newspapers issued a joint editorial warning that the issue at stake was not only pacifism, but that democracy itself was being overthrown. Their words echo those of the powerful public intellectual, Shimizu Ikutarô, for whom the *Ampo* crisis represented the death of democracy in postwar Japan. On 19 June the treaty automatically passed the Upper House, but Eisenhower cancelled his visit. Over the course of the next few weeks, Kishi survived an attempt on his life but resigned his post, and the calmer, less controversial figure of Ikeda Hayato took over.

Identity crisis

Although most famous for his 'income-doubling plan' and for being called a 'transistor salesman' by Charles de Gaulle,

Ikeda was certainly one of the most important prime ministers in the history of postwar Japan. Perhaps his greatest accomplishment was the achievement of a 'politics of patience and reconciliation' that unified the Japanese people behind the project of economic growth. Under Ikeda, the question of Japan's military role was side-lined and society occupied itself with getting rich peacefully.

However, as became apparent in the 1980s, man cannot survive on affluence only, and after the drama of the 1950s, with the sun-tribe a decade older, the question of Japan's national identity was once more on the agenda. At this time, the nation's mood was well reflected in the work of the famous novelist Kawabata Yasunari, who was awarded the *Bunka kunshô* (medal of culture) from the emperor in 1961 and then the Nobel Prize for Literature in 1968 (making him the first Japanese writer to receive it). Kawabata's often beautiful novels have been described as elegies to a lost Japan. Critics often point to *Snow Country* and *Thousand Cranes* as his masterpieces. They contain traditional aesthetics and serve as romantic re-imagings of Japan as a specific type of traditional beauty that is endangered, or at least sullied, by the modern world. Indeed, Kawabata appears to have thought of himself as a conduit through which traditional Japanese culture could be preserved and transmitted to the postwar generations. Furthermore, Kawabata's work was easily palatable for an international audience, since it represented Japan in an exotic and unthreatening way that appealed to Western audiences. The 1950s and 1960s saw many of his novels translated into English, and ironically his international fame was part of the reason for his domestic fame. The contrast with Ishihara's work in the 1950s could not be more stark.

An indication of the way in which attitudes had changed towards a Japanese identity that rested upon martial valour and violence is the case of Kawabata's contemporary and friend, the writer Mishima Yukio. Mishima had shot to fame in the 1950s after a

13. The novelist Kawabata Yasunari

series of astonishing and complex novels, such as *Temple of the Golden Pavilion*, *Forbidden Colours*, and *Confessions of a Mask*. He dealt with daring themes, such as homosexuality and the relationship between sex and violence. As the 1950s drew on, Mishima became increasingly interested in his body and the martial arts; he took up body-building, kendô, and boxing, and started to present himself in the manner of a movie star. In hindsight, various biographers have wondered whether this was the onset of some form of masochistic, narcissistic disorder.

Like Kawabata, Mishima also believed that his life and work should somehow represent Japan. However, whilst the two great novelists shared a delicate sense of beauty, their visions of Japan were radically different. For Mishima, the *Ampo* was a real turning point. Rather than representing the end of a problematic and violent decade that risked undermining Japanese democracy – which was the realization that encouraged many readers to turn to Kawabata – Mishima was mostly concerned with the way that Japanese society had recoiled from Kishi's vision of Japan as a land of martial valour. Immediately following the crisis, Mishima published a little volume called *Patriotism*, in which he set out what he thought it should mean to love Japan. His next works, *The Sword* and *Sun and Steel*, were devoted to explorations of the aesthetics of violence, and he announced that the goal of his life was to acquire the characteristics of a true Japanese warrior – *bunburyôdô* (the way of the warrior and the scholar combined). At about the same time, his book *Patriotism* was made into a film, produced and starred in by Mishima himself.

So great was his fame that when he requested special permission to train with the *Jieitai* (the Self Defence Forces) from his friend Prime Minister Satô, he was granted it. At the same time, the literary establishment started to distance itself from his views. In interviews he spoke about the tragedy that the emperor had been forced to renounce his divinity after the war, and asserted that the wartime *kokutai* (national polity) had been the authentic Japan – the Americans had emasculated the country and ruined its spirit. He argued that the postwar period had left the Japanese confused about their values, and that this was the perfect time to revive the traditional Japanese ideal of *bushidô* (the way of the warrior). Finally, in 1967 he founded a secret, paramilitary society called the *Tatenokai* (the Shield Society). Prime Minister

Satô even gave Mishima some funds to help run the group, and future prime minister Nakasone Yasuhiro, then defence agency chief, granted the *Tatenokai* free access to all *Jieitai* facilities in Japan in 1970.

Meanwhile, anti-Vietnam War demonstrations pulsed around Japan's cities, overflowing into peace rallies, and running parallel to student activism. In the spring of 1969, many university campuses were closed down because of student protests about Vietnam, about *Ampo*, and about tuition fees. On the campus of Tokyo University, the protests were violent and a number of professors were literally held hostage and interrogated in lecture halls, including the eminent political scientist Maruyama Masao. Excited by the activism, Mishima visited the students in Tokyo, but was disappointed by their motives.

On 25 November 1970, Mishima and a group of *Tatenokai* infiltrated a military base in Tokyo and took General Mashita Kanetoshi hostage, while Mishima himself stood out on the balcony to speak to the assembled troops. He told the *Jieitai* that the real Japan had been killed by talk of liberty and democracy, that the emperor had been humiliated by the Americans, and that they – the military – held the future of Japan in their hands. As an example of the weakness and ignorance of the politicians, he stated that the *Jieitai* should have been sent in against the student demonstrators at Tokyo University in the previous year (instead of the riot police).

His dramatic speech received no response from the troops, who could barely hear him. Then he returned to the general's office, where he committed *seppuku* in the traditional way and killed himself, apparently because he could not live in a Japan that had been so polluted and compromised by Western modernity.

It must be said that Mishima was an extreme case, and that neither his actions nor his views elicited much support in Japan.

Indeed, the overall reaction appears to have been one of incomprehension. Prime Minister Satô, Mishima's friend and benefactor, was reputed to have responded that he assumed that Mishima had gone insane. And Mishima remains a controversial figure to this day. However, the existence of a cultural space between Kawabata (who also committed suicide a couple of years later) and Mishima serves to indicate the dimensions of Japan's identity crisis throughout the 1960s and 1970s. Both called for a return to traditional Japanese values amidst rapid economic development and the creation of a consumer society, but they could not agree on what those values might be.

Bubbling into postmodernity

Elsewhere in the world, the miraculous growth of the Japanese economy was exciting a range of reactions. While the rest of the planet laboured under stagflation, recession, and unemployment in the wake of the oil shocks of 1973 and 1978, the Japanese economy continued to grow through the 1980s at about 5% per annum – it had weathered the 1970s through a combination of exploiting the elasticity of its so-called 'dual economy', industrial restructuring (away from heavier industries), energy diversification, and creative off-shoring. At the end of the 1980s, the Tokyo stockmarket was worth 40% of the world's market; land prices in Japan were ludicrously high (for a while the land under the city of Tokyo was worth more than Canada). At one extreme, Japan was represented as a threatening global monster that was intent on forging a massive postwar empire, simply substituting yen for the bullets of the co-prosperity sphere: the phenomenon of 'Japan bashing' became commonplace in the USA. At the other extreme, Japan was seen as a mystical and inspiring model for economic development, and a range of populist books were published that claimed to unlock the secret connections between Japanese work ethics, Confucian organization, the spirit of *bushidô*, and business success. The world clamoured around the invented image of the salaryman-samurai.

Meanwhile, in Japan, despite claims that the vast majority of the population was now a homogeneous middle class with shared life-goals and equal access to the resources of an affluent state, the Japanese society that entered the 1980s and 1990s was still unsure of its place in the world. The *Nihonjinron* industry boomed, as the Japanese population consumed hundreds of treatises that sought to explain the uniqueness of the Japanese people from ethnic, psychological, sociological, and religious perspectives. The new generation came to be called a new species (*shin jinrui*). They were confident and proud of Japan's affluence, but never having known the hardships of the previous generation, they were complacent about the wealth. The banks made casual loans: very famously the Industrial Bank of Japan lent an Osaka woman 2 billion dollars against a small chain of restaurants, which she proceeded to lose on the stockmarket after taking financial advice from her psychic. In the end, it turned out that she had faked the ownership deeds on the restaurants. Corruption in business and politics seemed to be growing, and the people lost faith in their politicians after the drama of the Lockheed Scandal in 1985 and then the Recruit Scandal in 1988, the repercussions of which would contribute to the brief fall from power of the LDP in 1993, for the first time since its establishment in 1955.

This 'new species' of Japanese citizen was not content to quietly and selflessly dedicate its life to Japan's economic growth, and it complained about the long hours of work and the lack of time to enjoy the spoils of Japan's affluence. The term *karôshi* (death from overwork) became a commonplace, and emergency hotlines were even established to try to prevent the overworked from breaking down or committing suicide. At the same time, the previous generations complained that the 'new species' had lost all social consciousness and discipline, the characteristics that had defined their postwar identities.

Instead of dedicating themselves to a single company in 'lifetime employment' arrangements, the new species were increasingly *furitaa*, seeking freelance work with a sequence of employers to enable them to travel and to fit their work around the demands of the rest of their lives. This emphasis on leisure and ways of forming identities that were not dependent upon work found expression in the creation of multiple 'micro-masses' or subcultures: office ladies and college girls adopted a new form of the '*moga*' (modern girl), defining a subculture in terms of rampant consumerism, and building their identities amidst designer handbags, European shoes, and stylized haircuts. In the 1990s, this movement became associated with the phenomenon of *enjo kôsai*, 'compensated dating', which labelled the practice of young girls (often of school age) dating older men in return for being bought the latest consumer goods. Although, in general, the *moga* was a leisure-time identity: at work or in school, the same *moga* would present themselves impeccably in their uniforms. This subculture and its moral experimentation is captured in the work of authors such as Yoshimoto Banana, whose name is deliberately as ludicrous in Japanese as in English.

Alongside the *moga* were other subcultures, such as the iconic '*otaku*' (geek): usually young men who became obsessively interested in one topic or another – frequently 'anti-social' activities such as computer games, anime, or manga, which the *otaku* would collect in vast numbers, perhaps spending the weekend engaged in 'cosplay' reconstructions of their favourite characters.

The development of these new consumerist subcultures touched off what some have referred to as the '*otaku* panic'. Despite evidence that the *moga* and the *otaku* continued to function in their jobs and continued to work longer hours than nearly every other society on the planet (with the exception of South Korea), critics argued that these micro-masses demonstrated the 'hollowing out' of Japanese society and culture. The older generations feared for the moral and cultural collapse of their nation. A conservative drive to preserve a more traditional Japan emphasized the need for people to get out of the sprawling urban centres and to 'discover Japan' by visiting rural areas, which were still less transformed by the postwar boom. This nostalgia and romanticization of the countryside was accompanied by genuine growth in domestic tourism.

However, for creative intellectuals such as Yoshimoto Takaaki (the father of Banana), these social movements revealed that Japanese society was moving through modernity and out the other side, into a postmodern condition in which individuals were no longer slaves to the material expectations of their society, but in which they were free to define the meaning of their lives for themselves. Postmodern Japan was about individual people, and not about Japan at all.

This mood was captured in the work of the world-famous novelist Murakami Haruki, whose important duology, *A Wild Sheep Chase* and *Dance, Dance, Dance* provided bookends for the 1980s. One of the central themes of these best-selling, postmodern novels is the way in which individuality is consistently destroyed by the homogenizing imperatives of the system itself. For instance, the eponymous 'sheep' is a sinister presence that inhabits the minds of people like a supernatural parasite and gradually eliminates its host's personality, replacing it with its own; the host enjoys a sense of power and comfort that accompanies this possession, and in particular comes to feel free of any sense of responsibility for his/her actions. As a critique of the totalizing national culture that Murakami and others perceived in Japan, the sheep is a powerful symbol. At some point all the possessed characters must choose whether to surrender the last vestiges of their personalities to the sheep,

14. The neon lights of Shinjuku, Tokyo

or to fight it and expel it. Those who choose the latter become tragic figures: they go insane or commit suicide, while the sheep simply moves on to someone else. In one interpretation, the micro-masses of the 1980s and 1990s appear to be fighting the sheep. In another, the sheep is not conservative Japanese culture, but rather commercialism itself, in which case the micro-masses are as possessed by it as anyone else. There is no escape.

This feeling of despair became characteristic of the so-called 'lost decade' of the 1990s, after the collapse of the bubble economy and the death of the Shôwa emperor in 1989. Unable to sustain the artificially inflated and over-confident economy, the stockmarket crashed and Japan's cultural confidence was dented. Despite remaining the world's second largest economy and running trade surpluses with nearly all of its trading partners, society's faith in the sheep and in the politicians (already shaky amidst the corruption scandals of the 1980s) was shattered. At the same time, with the end of the Cold War, there was unprecedented international pressure on Japan to take a more active and leading role in world affairs: Japan's indecisive (and entirely financial) response to the First Gulf War in 1991 only served to underline the fact that Japan had still not come to terms with a coherent postwar identity.

The mid-1990s saw a succession of crises that triggered deeper self-reflection about Japan's identity and role. If the place of Japan in the US-led world order was brought into question during the Gulf War, this question became painfully personalized in 1995 when three US servicemen kidnapped and raped a 12-year-old Okinawan girl. This incident restarted the perennial debate about why the USA should still be allowed to maintain bases in Japan, now that Japan was a powerful country in its own right. In the same year, a group of revisionist intellectuals started the *Liberal View of History Group*, which sought to revise society's perception of Japan's 20th-century history in a way that would allow the Japanese to be proud of its ambitions and conduct during the Great East Asia War. For some, such as the influential writer and critic Katô Norihiro, Japan's treatment of its past and its identity bordered on being pathological: under pressure from the USA in the postwar period, Japanese society had become sick, masochistic, and schizophrenic – what was needed was a frank discussion about what Japan's *real* identity was.

However, two other crises in the same year shook Japan even more. In January of 1995 a massive earthquake that killed over 6,000 people and left 300,000 homes in ruins hit the city of Kobe. And then, on 20 March, the religious cult *Aum Shinrikyô* launched the infamous sarin gas attacks on the Tokyo underground, killing 12 people and injuring more than 5,000.

The people of Japan were stunned by the sequence of events, and the inefficient responses of the government further undermined public confidence in the establishment. Murakami Haruki attempted to give reason to the madness in two short books about the events. In *After the Quake*, he provides a cluster of short stories that discuss possible causes of the earthquake: was it a natural disaster in the 'end times' to punish Japan for the frivolities of the 1980s? Was it caused by moral decay – by the jealousy of a married women whose husband was cheating on her? Or was it caused by the awakening of a giant worm under the city that had been feeding on greed and hate for several decades?

In *Underground* (his first work of non-fiction), Murakami asks how can we explain the *Aum* phenomenon and how it can be used to understand the woes of the rest of the society. He argues that anyone who doubts the existence of a serious philosophical and spiritual gap in contemporary Japan has not really considered the true significance of 20 March 1995:

> The reality is that beneath the main system of Japanese society there exists no subsystem, no safety net, to catch those who slip through the cracks. This reality has not changed as a result of the incident. There is a basic gap in our society, a kind of black hole, and no matter how thoroughly we stamp out the Aum Shinrikyô cult, similar groups are sure to form in the future to bring about the same kinds of disasters.

The *Aum* group wanted to take control of Tokyo (and then the world) in order to eradicate the spiritual decay that had been caused by Western material values – by modernity. The new world would be led by psychically gifted people (rather than materially powerful people), who would be ranked like characters in the RPG *Dungeons and Dragons*. The most powerful of these claimed to have caused the Kobe earthquake. One of the things that most shocked Japanese society was that the membership of the group was not exclusively anti-social *otaku* or the uneducated, indeed the membership included many gifted scientists and business leaders. Why were such brilliant and talented people driven into this kind of organization?

For Murakami, the answer was clear: modern Japan was failing to provide a coherent sense of identity and community for its people. At the turn of the 21st century, *Aum* was like a nation inside the nation: a sub-nation that captured the imagination of the disillusioned – it was an alternative present (of the kind that society had feared that the *otakus* lived in) which was supposed to eliminate the woes of the actual present.

In June 1997, Murakami's diagnosis seemed to be further vindicated when a 14-year-old boy decapitated an 11-year-old and dumped his body in front of their school. He committed two murders and a host of other attempts, and his diaries showed that this was a 'game' with the authorities, that it was 'revenge' against the school system for making him 'a transparent being'. He had even made up a god, Bamoidooki, to whom he had sacrificed escalating levels of life.

Of course, these micro-masses are subcultural movements in Japan rather than the mainstream. However, concern about them and about what they say about Japan's ongoing crisis of identity, and its problematic relationship with the modern, is one of the characteristics of society more widely. As Japan moves through the 21st century, the challenge to answer the question of what it means to be modern in modern Japan remains.

Chapter 5
Overcoming denial: contemporary Japan's quest for normalcy

What is a normal Japan?

Japan's engagement with the question of its identity during the Cold War was somewhat introspective, as it struggled to come to terms with the consequences of its attempts to 'overcome modernity' and its defeat in the Pacific War. However, the 1990s saw Japan emerge from beneath its sheltered position under the US umbrella and throw itself into the new post-Cold War international system. Whilst it would certainly be an exaggeration to compare the early 1990s with the mid-1850s, there is some leverage to be gained from the idea that Japan affected genuine shifts in perspective at both times: from largely domestic issues to concerns about Japan's identity and role in a new world order. Indeed, in both cases, Japan was pulled out of its interiority by the twin demands of the USA and the imperatives of the emerging international society: in 1854, by Perry's 'black ships' and the imperial trade regimes, and in 1991 by President George Bush's pressure on Japan to contribute troops to the UN-sanctioned force in Kuwait. In both cases, Japan's response to this external pressure (or *gaiatsu*) was conflicted, uncertain, and slow, as decision-makers and the public debated how and whether Japan should take up its new responsibilities on the international stage. In 1991, under tremendous pressure, Japan prevaricated and then sent 13 billion dollars instead of personnel.

Since 1947, Japan's foreign policy had been tame and low profile, and its orientation towards security issues had been guided by the famous 'peace clause' (Article 9) of its constitution, which meant that it had not engaged in any significant military activity and was ostensibly forbidden from doing so. The US–Japan Security Treaty had effectively insulated Japan from the need to think too seriously about its role in the 'high politics' of the international system.

The combination of Japan's 'peace constitution', its US-tutelage, and its so-called 'nuclear allergy', which followed on from the horrific experience of being the world's first and only victims of atomic bombings, fed into a dominant discourse of 'anti-militarism', or even pacifism, in the postwar period. On the international stage, Japan had sought to represent itself as an icon of 'civilian' or 'merchant' power, self-consciously and deliberately eschewing the trappings of military, Great Power status. For Japan's neighbours, who were understandably wary of a re-armed Japan, this had been good news throughout the Cold War. However, regional criticisms of Japan's 'pacifistic' identity became increasingly prevalent through the 1970s and 1980s, as Japan's economy bubbled to an astonishing size: pacifism and the nuclear allergy began to look like alibis that sought to transform Japan into a victim of its own history of aggression, hence alleviating the need for it to apologize to its neighbours for its conduct in the first half of the 20th century.

In other words, the early 1990s brought the question of Japan's international identity into sharp relief: was Japan really a pacifist polity that consciously chose to avoid military resolutions to international problems, or was this appearance merely a side-effect of the US occupation and then the US–Japan Security Treaty? An important issue within Japan itself, which was voiced powerfully by the influential politician Ôzawa Ichirô, was whether Japan's apparent anti-militarism actually made it an aberration in the modern world. In his *Blueprint for a New Japan* (1994), Ôzawa famously called on Japan to finally rid itself of its 'postwar mentality' and its preoccupation with the legacy of the Pacific War, and to become a 'normal country'. By this, he meant a country that could take on responsibilities in the international system that were commensurate with its economic status. A popular and emotive example was the claim that Japan, as the second most generous contributor to the United Nations, should have a permanent seat on the UN Security Council. In concrete terms, he wanted Japan to revise its constitution to enable the overseas despatch of the Self Defence Forces as part of UN peace-keeping operations or other mechanisms of international security. In fact, Ôzawa was one of the chief architects of the 1992 International Peace Cooperation Law, which finally made provision for the (limited) participation of the SDFs in UN peace-keeping operations, albeit too late for the first Gulf War. Japan's first mission under this law was to Cambodia in 1992.

The question of Japan's international 'normalcy' has been pervasive in politics, society, and culture since the early 1990s, and it remains unresolved to this day. For some commentators, the problem can usefully be phrased in terms of Japan's twin deficits: first, in terms of the absence of 'normal' capabilities (that is, a powerful military together with legal mechanisms, and social will, to employ it); and second, in terms of the absence of 'normal' legitimacy in the international system (that is, the apparent failure of Japan to 'come to terms with its past' and to apologize to its neighbours).

In fact, Japan's capability deficit is something of an illusion. It's Self Defence Forces are amongst the most technologically advanced military forces in the world. Whilst Japan maintains a strict 'non-nuclear' armaments policy, it has long had the

15. Air-SDF F-15 refuelling

necessary technology to construct such weapons, and also a space programme with the necessary delivery technologies. It is true that Japan lacks the capability to project an invasion force overseas, but its defensive capacities are second to none, and it has a range of 'over the horizon' technologies that would facilitate pre-emptive strikes at the Asian mainland. In brief, despite the small size of its SDFs (in terms of personnel and percentage of GDP spent, less than 1%), Japan's 'non-military' is one of the most formidable in the Asia region.

In other words, the real sources of Japan's 'capability deficit' are legal and cultural rather than material, and since Prime Minister Koizumi's enactment of the Anti-Terrorism Specials Measures Law (2001), which enabled the SDFs to be deployed in support of US forces in Afghanistan and Iraq during the second Gulf War, the legal barriers to Japan's military actions have been severely diluted. Indeed, the discrepancy between Japan's flexible interpretation of its 'peace constitution' and the letter of Article 9 has led many to demand the revision of the constitution itself, to bring it in line with reality. This type of criticism often leads to cynical accusations that Japan's ostensible 'pacifism' has more to do with public relations than substance, and that Japan is clinging to its self-constructed image as a victim of World War II for its own advantage.

This brings us to the question of Japan's 'legitimacy deficit', which has been a central, volatile, and pervasive issue since the 1990s until the present day. In many ways, it boils down to the accusation that Japan and the Japanese are somehow in denial about their own history, or that they have not 'come to terms with their past' because of their privileged position under US patronage during the Cold War. Hence, the end of the Cold War provided an occasion for exposing, and hopefully addressing, this problem, which effectively ties the legitimacy of Japan's contemporary international role to the question of its ability to examine its responsibility for the Pacific War. Because this issue is so central to the themes of identity and modernity, and because it remains a 'living issue' for contemporary Japan, we should spend some time on it here.

The legitimacy deficit and the question of war responsibility

The heart of this problem is the resilient presumption amongst various commentators and practitioners that whilst Germany (and the Germans) appear to have made peace with (and shown penitence for) the violence perpetrated by them in World War II, Japan (and the Japanese) have not.

Interestingly, however, Japan has been one of the most prolific issuers of apologies and enactors of atonement throughout the 1990s, a period characterized by what Wole Soyinka has called the global '*fin de millenaire* fever for atonement', starting with the controversial statement by the then new Emperor Akihito (and then Prime Minister Kaifu) to RoK President Roh Tae Woo during his visit to Japan in 1990, through Prime Minister

Murayama's elaborate statement on the 50th anniversary of Japan's defeat (1995), and to Prime Minister Obuchi's written apology (for abuses perpetrated during the occupation of Korea) to RoK President Kim Dae Jung in October 1998.

Despite these significant and substantial developments, both in the international discourse of penitence and reconciliation (after the Truth and Reconciliation Commission in South Africa, 1995) *and* in the conduct of Japan, the impression that Japan has not yet demonstrated (or perhaps even experienced) sufficient penitence remains. So, how can we understand the resilience of this view in the light of so much evidence to the contrary?

The simplest political answer to this question is merely to shift its terms and to suggest that the problem does not lie in Japan at all, but rather in the refusal of Japan's neighbours to accept Japanese penitence and move on. The cynic could make a simple argument about the economic and political benefits that accrue to the PRC or RoK for as long as they refuse to acknowledge that Japan has finally emerged from the long postwar period. This is certainly an interpretation of PRC and RoK motives that can be heard in some segments of Japanese opinion today.

A more Japan-centred answer revolves around the question of what penitence actually means. Here, a cynic might voice the commonplace objection that Japan has apologized many times, *but it has never really meant it*. That is, Japanese apologies have been entirely political acts, and not penitent in any moral sense at all; they are insincere in some way. For this hypothetical (yet pervasive and familiar) cynic, Japanese apologies are not attempts to ask for forgiveness – they are not a humbling before the wronged of history – they are simply an expedient way to push into the future.

Leaving aside (for the moment at least) the slightly troubling implications of the personification of the nation-state in this psychologically informed critique, and also leaving aside the simple repost that 'of course Japan's apologies are political acts because Japan is a state (not a person) and all acts of state are political', this view of Japanese penitence as a type of 'role-playing game' does provide us with some theoretical leverage on the problem. In particular, there was a lively public discourse in the mid to late 1990s that also formulated the problem in these problematically psychological terms.

Denial as national pathology and the 'lost decade' of the 1990s

In many ways, the global '*fin de millenaire* fever for atonement' was a fever for truth-telling, sincerity, and historical revelations, aimed at an exorcism of the demons of history. It seemed to rest upon the Freudian idea that a repressed past left 'indelible scars' on the collective unconsciousness, concealing infected wounds that had to be cleansed for the good of the body politic. One interesting aspect of this view is that it is underpinned by a modernist idea of the unitary self, in which persistent denial is interpreted as pathological (personality splitting) or politically atrophic (cultural amnesia). For various reasons, this idea of the self (or especially of the nation) is highly dubious, especially in a global context.

However, as early as the 1970s in Japan the psychologist Kishida Shû theorized modern Japan's condition as schizophrenic. In the 1990s, Kishida's view was adopted by the controversial and highly influential intellectual Katô Norihiro, who similarly 'diagnosed' Japan's postwar 'illness' as that of schizophrenia, arguing powerfully that Japan's 'personality' really had been splintered into an inner and outer self by the contradictions inherent in the US occupation of Japan after the war. For him, postwar Japan had been placed in an impossible position, between the need to become democratic and the realization that democracy was being imposed by the former enemy. The result of this dilemma, which he expresses in his famous book *Nihon no mushisô* (Japan's

Thoughtlessness, 1999), is that the 'public Japan' accepted the desires and directives of the USA (notably pacifism and democracy) as its own, whilst the 'private Japan' maintained a divergent and often contradictorily nationalistic self-image with some elements of continuity with the imperial period.

Katô suggests that whilst this 'splintering' solution might have been rational and efficacious (that is, it enabled Japan to prosper under the US umbrella during the Cold War period), the costs for Japan have been huge: postwar Japan has become mentally ill. In his landmark essay, *Haisengo-ron* (On Post-Defeat, 1997), Katô kick-started the most serious and important intellectual debate of the 1990s in Japan, the so-called *rekishi shutai ronsô* (the debate over the historical subject). In it, Katô argued that Japan's schizophrenia may have been rational and explicable during the Cold War when it was dependent on the good graces of the USA, but that it was now well past the time to diagnose and cure the illness that had afflicted Japan for the last 50 years. According to Katô, Japan's schizophrenic condition had prevented postwar Japan from fully developing a coherent and modern historical subjectivity with which it could face its own wartime past – neither the public Japan (which was forced to condemn its own history in a blanket fashion because of its US orientation) nor private Japan (which existed in the reactive, nationalist shadows out of the light) had been able to negotiate honestly or wholly with the actual events of Japan's past, including the atrocities committed by it during the war.

The task of the historical subject debate, then, was to find a way to construct a modern, authentic, unitary, non-pathological national subject that would be able to take responsibility for its own historical transgressions. There is a clear echo here of the so-called *shutaisei* (subjectivity) debates between Maruyama Masao and the early postwar Marxists, in which Maruyama argued influentially and powerfully that the absence of a properly developed sense of modern subjectivity (and in particular the absence of an active public sphere in which this subjectivity could participate) had prevented the wartime Japanese from understanding their responsibility to resist the imperial state. For Maruyama, this had led to a 'system of irresponsibilities' that had permitted Japan to 'slither into war' without any sense of control or responsibility for its actions. For him, already in 1946, the most vital task for postwar Japan was to develop a modern sense of subjectivity (*shutaisei*) that properly and responsibly connected public and private. Without this, Japanese democracy would never become anything more than a superficial, institutional veneer.

Katô's controversial position in the 1990s suggests that Japanese penitence in the postwar has indeed been inauthentic in a number of very important (and rather fundamental) ways: public penitence by Japan has been merely an aspect of its adopted, 'US-friendly', politically correct personality. Rather than being a highpoint of the expression of sincere penitence during the '*fin de millenaire* fever for atonement', the 1990s represent a real (even clinical) crisis of disingenuousness.

It is somewhat unfortunate that Katô's *rekishi shutai ronsô* coincided almost perfectly with the emergence of a group of right-wing historical revisionists, including Fujioka Nobukatsu (author of the 1997 book *Kyokasho ga oshienai rekishi* (History Not Taught in Textbooks)) and the manga artist Kobayashi Yoshinori. Superficially, this group's agenda appears to point towards the same issue – the need for a new *Nihon jishin no rekishi-ishiki* (distinct Japanese historical consciousness). However, whilst Katô called for a genuine (if controversial) engagement with Japan's darkest and most shameful moments (albeit via an open reappraisal of *Japan's own suffering* during, and sense of trauma about, that period), Fujioka and Kobayashi were (and remain) rather more concerned with revising World War II into something for which the Japanese should be proud.

Japan's neighbours, as well as large segments of Japan's own population, are understandably sensitive to such moves.

A related issue here regards the frequent and proximal charge that Japan's penitence cannot be sincere because of the very public acts of alleged nationalism performed by high-profile political figures. Here we are talking about the official recognition of the *nisshôki* (Rising Sun flag) and *kimigayo* (the national anthem) in 1999 by Prime Minister Obuchi; the infamous visits to Yasukuni shrine by former Prime Minister Koizumi and his attempts to reform the supposedly 'un-Japanese' Fundamental Law of Education (1947) to provide for patriotism classes in school; or former Prime Minister Abe's involvement with historically revisionist school textbooks and his call for revision of Article 9 to permit (or legitimate) Japanese rearmament.

A crucial issue that governs the reception of these moments is whether or not they constitute public acts of state or the private acts of a Japanese citizen. It is significant, therefore, that since Prime Minister Nakasone in the 1980s, Japanese politicians have always insisted, for instance, that they visit Yasukuni shrine *as private Japanese citizens*, not in their public, political capacities. In fact, we might see the gradual blurring of this inner/outer personality distinction (for example, Koizumi Jun'ichirô, *as prime minister*, visited Yasukuni *publicly as a private citizen*) as being part of a genuine process of engagement with the schizophrenia thesis itself. In other words, visiting Yasukuni and calling for public debate on the meaning of patriotism and its place in national education and so on might actually be seen as *therapy*: might these visits be deliberate attempts to confront the problem and to resolve the so-called 'personality splitting' that was irresolvable during the Cold War? Could they be seen as attempts to construct the kind of public space for genuine, responsible discourse that Katô (and Maruyama before him) found to be critically absent from postwar Japan? Rather than being a romantic or militarist call for the imperial past, is this not simply a mechanism to mediate the construction of a *Nihon jishin no rekishi-ishiki*, and to involve private persons in public spaces – to make the Japanese participate in their postwar state as political and historical subjects?

What is particularly fascinating about this type of argument, controversial as it may be, is that it draws in a cluster of fundamental and profound concepts into complex interdependence: we can see numerous ways in which questions of postwar penitence, democracy, modernity, and subjectivity interpenetrate in contemporary Japan. The idea of political pathology in this case rests upon the assumption of the normalcy (and health) of a unitary, modern self at both the individual and national levels. It is an open question at this stage whether we might more profitably view Japan as a 'postmodern' state.

Can 'Japan' receive therapy?

Something that becomes very clear about the terms of this debate is that they are phrased in the language of a therapeutic paradigm that pathologizes national action. The nation is treated as a sick individual: split by the trauma of its history/memory, Japan retreated into a state of denial, where it paradoxically knows and does not know the horrors of its past. Of course, this paradox (of not knowing what you know) is central to the nature of denial, since one cannot deny something that one does not (at least on some level and with a certain level of suspicion) know.

Yet, the question remains: are nations sufficiently like people for this to make any sense? Do nations, like individual people, have psyches? Can a nation's past make its people ill, in the same way as repressed memories can make individuals ill? Most commentators seem to agree that these psychological concepts *cannot* simply be transposed to the political level.

An individual's suffering and psychological trauma is of an entirely different order from national suffering and political trauma.

In other words, this kind of discourse appears to be a trick. Nations are not people and talking about them as though they are represents (deliberately or otherwise) a shifting of the political landscape. Indeed, this therapeutic mode of thinking is essentially self-referential. It turns attention away from the subjects or victims of past aggressions and transforms the perpetrator into the patient. In other words, rather than being concerned with the suffering inflicted on others at the moment that originated the pathology (in Japan's case, the Pacific War), the concern is for the psychological suffering of the patient as a result of not being able to deal with the memory of that event or period. As a response to trauma, this is a pathology of denial.

From this perspective, the meaning and significance of 'coming to terms with the past', or even feeling penitence for it, shifts: it is no longer about seeking forgiveness from those who were wronged or about humbling yourself before them and granting them power over you (that is, the power of forgiveness) – indeed, it is not about them at all – but rather it is about healing and transforming yourself.

In other words, the popular and influential schizophrenia thesis regarding the inauthenticity of Japan's postwar penitence actually inverts the historical and moral issue, transforming Japan into the principal victim of World War II and making the subsequent attempts to come to terms with that war into efforts to heal and rebuild Japan itself. Critics, both inside and outside Japan, have been quick to point out that this image is sustained by Japan's persistent reluctance to formally acknowledge (or pay reparations to) the so-called 'comfort women', largely Korean and Chinese women who were exploited as the 'sex slaves' of the Imperial Army.

16 . Protestors in Seoul act out the decapitation of Prime Minister Koizumi, following Koizumi's visit to Yasukuni

These kinds of therapeutic narratives privilege modernist assumptions of unitary selfhood, feeding into ongoing debates about Japan's complicated relationship with modernity and its overcoming. Indeed, one of Katô Norihiro's most controversial assertions has been that Japan needs to mourn its 3 million war dead before it can grieve for (or properly express responsibility for) Asia's 20 million dead. The idea is that Japanese society should reach a unified consensus on its own sense of self and historical consciousness before it can enact meaningful apologies as a (psychically) healthy and integrated, modern agent.

Consequences of illegitimacy

Since the end of the Cold War, the importance of addressing this legitimacy deficit has increased dramatically. Many of Japan's attempts to develop a leadership role in the region have been undermined by the persistent suspicion that its imperial ambitions remain unreconstructed: Japan's tentative role in regional security apparatus, such the ASEAN Regional Forum (established in 1994), or Prime Minister Hashimoto's abortive attempts to form a regional economic block to break the Asian financial crisis (1997), might serve as examples. In general, East Asia has been unable or unwilling to develop the kinds of regional apparatus found in Europe.

Nonetheless, Japan has been innovative in developing non-military security mechanisms, partially as a way to guarantee its own security without testing the parameters of Article 9, partly out of the hope that focusing on such measures would boost regional confidence in its intentions, and partially out of a sincere concern for broader issues of 'human security' in the contemporary world. In particular, as the Japanese economy has grown, Tokyo has attempted to develop a 'Comprehensive Security' platform. The phrase was coined by Prime Minister Ôhira in 1978, and was quickly adopted as a slogan for the Satô-Reagan partnership in 1981: Comprehensive Security for the Free World! The concept of comprehensive security broadens the notion of threat from being simply military to include other factors, such as the environment, poverty, and famine. It has also grown to encompass the idea of 'human security', defined as freedom from fear (defined in juxtaposition to the notion of human rights and freedom from want).

The Japanese government has pursued these ideals with various policy mechanisms, including the generous provision of Official Development Assistance (ODA), the vast majority of which has been dispersed to its Asian neighbours. After 1989, Japan became the world's largest donor of ODA. However, it has met with criticism from segments of the international community for a number of reasons: during the Cold War, Japan was sometimes criticized for distributing tied-ODA instead of war reparations to its neighbours; it has been accused of inconsistent distribution of the aid; or sometimes for attempting to use the aid as a form of economic imperialism. In response to these criticisms, Japan passed a comprehensive ODA bill in 1992 that clearly spelled out the basis of its distribution, tying its ODA distribution to the concepts of comprehensive and human security, and the promotion of democracy and human rights.

Nonetheless, there remain critics in East Asia who see all of Japan's efforts at regional confidence-building and comprehensive security as little more than confidence tricks. Wherever they see the yen, they see the covert insinuation of a new kind of Japanese empire, sold to the world in the form of financial aid, Nissan cars, Sony Playstations. Sensitive to such fears, the Ministry of Foreign Affairs has taken the question of image very seriously. In 2007, it launched the 'Creative Japan' campaign, in which it represented Japan as the home of artistic innovation and pop-culture phenomena, naming anime, manga, and video games, along with food, fashion, and architecture, as amongst its primary contributions to world culture. Unlike the USA, however, which has managed to attract people from all over the world to its brand of the 'American dream', Japan has yet to define a vision of itself that attracts others to it.

Epilogue: Japan in the 21st century

The frontier within: a spiritual revolution

As was the case in many nations around the world, the turn of the new millennium was an opportunity for reflection in Japan. The 20th century had witnessed its remarkable and tumultuous emergence as a leading, modern nation on the world stage. And yet surveys of public opinion and professional reflection revealed a less than buoyant atmosphere. The last hundred years had seen the establishment of a nation-state, the development of modern industry, a huge but ill-fated regional empire, devastation, and then miraculous economic success, but the heaviest shadow over the millennium was cast by the 1990s – the so-called 'lost decade'. Indeed, far from being the post-industrial techno-utopia envisioned during the confident heights of the 1980s, Japanese society seemed wracked by anxieties and insecurities about its identity and place in the world. Various public surveys showed that levels of happiness and satisfaction were low, and suicide rates in Japan were amongst the highest in the world.

Yet, despite the angst and uncertainty of the 1990s, 21st-century Japan remains one of the most affluent and comfortable societies in the world. Its GDP (at approximately $4.5 trillion) is second only to that of the USA, although by purchasing power parity it is now third behind the USA and China. After a decade of stagnation, the Japanese economy started to grow again in 2003.

Hence, at the turn of the millennium concern for the future vied with retrospection about the past. Under Prime Minister Obuchi, the government established a commission on 'Japan's Goals in the 21st Century', with the self-conscious mission of envisioning a way to avoid (or escape from) Japan's apparent decline. The committee drew on people from various walks of life, ranging from an astronaut to a playwright, but conspicuous by their absence were the bureaucrats of the government ministries. Indeed, public confidence in the government and its apparatus had been decimated in the 1990s: the bursting of the economic bubble, the ongoing collapse of the 'sacred treasures' of Japan's employment system (lifetime employment and seniority-based wages), a stuttering and ineffective international role, and revelations of numerous corruption scandals and factional infighting had completely destroyed the political elite's image of infallibility. The first thing on many people's list of demands for reform was the government itself.

In the end, the committee returned a report in January 2000, 'The Frontier Within: Individual Empowerment and Better Governance in the New Millennium'. The recommendations of the report were far-ranging and profound, and they touched off a period of intensive debate about the condition of Japanese society and its aspirations – a debate that remains unresolved to this day.

The committee made a powerful argument that Japanese society and its morality had been ossified by a 'catch-up' mentality, and hence that it had lost its sense of purpose after its standard of living had actually overtaken that of the so-called West. They argued that Japan must now define an autonomous role for itself, not defined in terms of the West (or especially the USA) but by strengthening its cultural and social ties with East Asia, and supporting the development of multilateral institutions in the region. This idea of a 'return to Asia' has become powerful (if contested) in the public discourse, and a number of commentators have connected it back to Japan's ongoing attempts to 'overcome modernity' by moving through and then transcending the trappings of 'Westernization'. Implicit in this position is the notion that Japan should attract others to it because of the wealth of its own historical and cultural traditions, rather than relying on its ability to seem familiar to people in the West. Japan should claim its modernity for its own. If there is an 'American dream', then there should be a distinctive 'Japanese dream'.

However, the 2000 report was not only a call for cultural confidence and increased patriotism, it was also critical of postwar Japan's introspective tendencies. Against the background of so-called *Nihonjinron* literature, which seeks to establish Japan as a unique, exclusive, and homogeneous polity, the committee argued that Japanese society had lost sight of the fact that its ideal should be egalitarian rather than homogenous: people in Japan should be equal, but this should not come at the price of sacrificing originality, innovation, and individual talent. They severely criticized the strict education system for 'excessive homogeneity and uniformity', which they claimed had produced a work force of servitors rather than innovators, and hence undermined economic and cultural strength. This was an argument that met with considerable support from the public as well as educators, but the committee's recommendation that compulsory education at school could be restricted to three days per week (so that the remaining time could be dedicated to creative individualism) was not taken very seriously.

Finally, the committee was also critical of what they saw as Japanese society's exclusivity. In the background were ongoing issues of prejudice and discrimination against various ethnic minorities (especially Korean immigrants, but also immigrants from Southeast Asia and South America), indigenous peoples (such as the Ainu and Okinawans), social minorities (such as the *burakumin*), and also, in various ways, women. Aside from the moral and ethical issues, which remain serious, the committee was also clear this was of instrumental importance for Japan: a combination of rapidly declining birth rates and great longevity (Japan's average life expectancy of nearly 82 years is the highest in the world), together with a net immigration rate of almost zero, has led to a dangerous 'greying' of Japanese society – approximately 15% of the population is over 65. In fact, Japan's population pyramid is inverted: in 2005, birth rates and death rates in Japan actually coincided; in 2007, Japan's population actually shrank for the first time since the war (to approximately 127,435,000). The greying of Japanese society may represent the greatest threat to economic and social prosperity in 21st-century Japan.

Hence, the committee argued that Japan needed to become more open to immigration and to make more 'equal' use of the various minorities that were already present in the country. This would require both legal and, perhaps more importantly, sociocultural reform.

Of course, the quest to make Japan more attractive for immigration is at least partly dependent upon the success of society's attempts to re-imagine Japanese identity. And the report argues that Japan's first priority in the 21st century should be the start of a spiritual revolution, implying that the 'lost' 1990s represented a rite of passage into a 'second postwar period'. However, the committee also recognized that there were a number of very practical measures that could be taken: it suggested that the Japanese language itself was a potential barrier to Japan's internationalization, and hence that Japan could improve its international profile and make itself more accessible to the world by adopting English as an official second language.

The land of the rising sun

In various attempts to pull itself out of the slump, the first decade of the third millennium has seen Japan undergo a series of social, political, and economic reforms, albeit not always in the manner recommended by the 2000 committee.

The political system itself was restructured in 2001, reducing the power and number of the ministries and focusing more authority in the hands of the prime minister himself. The first beneficiary of this new system was Koizumi Jun'ichirô, who was prime minister from 2001 to 2006. Koizumi sought to use the newly empowered office of prime minister to rise above the factional infighting that characterized the politics of the ruling Liberal Democratic Party, and he pushed for a series of radical reforms in both domestic and foreign policy: he oversaw the gradual recovery of the Japanese economy, the beginning of a new national confidence, and he ordered the Self Defence Forces (SDFs) to support US initiatives in the so-called War on Terror, following the events of 11 September 2001. Japan's Anti-Terrorism Act gave the SDFs unprecedented freedoms of manoeuvre beyond Japan's borders.

Koizumi may be remembered as an unusually hawkish and confident prime minister, who rode the wave of the public's need for a new Japanese identity at a time of chronic insecurity. For instance, he was the first postwar Japanese prime minister to visit Yasukuni shrine (to Japan's war dead) and to sign the visitor's book as 'Koizumi Jun'ichirô, the Prime Minister of Japan'. This provoked immediate and dramatic protests from Japan's neighbours, but Koizumi was unapologetic, insisting that patriotism was a healthy and normal part of any national polity.

In fact, Koizumi made a deliberate and innovative attempt to walk the tightrope between placating regional resentments and cultivating national confidence: as well as visiting Yasukuni, Koizumi called for the Self Defence Agency to be turned into a fully fledged Ministry of Defence, pushed the SDFs to collaborate with the USA in unprecedented ways, and urged schools to become more involved in teaching patriotism; but at the same time, Koizumi sought to consolidate Japan's relationships in Asia by making official apologies for the damage caused by Japan during the Pacific War.

In many ways, Koizumi pushed Japan forcefully in the direction of international 'normalcy', following the discussions of the 1990s. However, such an uncompromising stance won Koizumi many enemies as well as supporters, both within Japan and beyond; he was, by turns, Japan's most popular postwar prime minister and its least popular. The legacy of his reforms has yet to be properly understood, but his successor, Abe Shinzô, pushed forward certain aspects of his agenda. Most notably, he oversaw the creation of the Ministry of Defence and the enactment of the Educational Reform Law in December 2006, which requires schools to devote more time to patriotism in class and by singing the national anthem and flying the national flag. He also called for revision of Article 9 of the constitution.

Unlike Koizumi, however, Abe was never a popular prime minister and he resigned suddenly in the autumn of 2007, underlining the fact that Japanese society remains profoundly conflicted about these issues of national identity, and especially military involvement. In October 2008, for instance, General Tamogami Toshio, Air Self Defence Force chief of staff, faced being sacked by Defence Minister Hamada Yasukazu for writing an article in which he said: 'we need to realise that many Asian countries take a positive view of the Greater East Asia War . . . it is certainly a false accusation to say that our country was an aggressor nation'. Minister Hamada made a public statement that General Tamogami was out of touch with the position of the government and so should be removed.

Meanwhile, Japanese society has witnessed a host of other reforms. In the sphere of education, it was not only the school system that was reformed from above, the university system was also transformed in response to the problems of the greying society and the so-called 'creativity deficit'. A series of changes to the status and funding of public universities was designed to increase competition between the best universities and promote creativity in research. In addition, leading private universities, such as Keiô University in Tokyo, announced new mission statements 'for the 21st century', declaring their ambitions to develop a more internationalized sense of their intellectual and entrepreneurial responsibilities.

Nonetheless, the elite universities have retained their privileged positions as training grounds for the nation's future leaders, and access to these universities remains intensely meritocratic in principle; the best universities have been known to hold their entrance exams in sports stadiums to accommodate the numbers of applicants. However, principle and practice often diverge: success in the ever-more-demanding entrance exams is increasingly reliant upon the financial means of parents to put their children into specialist 'cram schools' in the evenings, at weekends, and during the 'school vacations'. Hence, the meritocratic ideals are undermined by the realities of a society that is not as homogeneous as its image suggests: income disparities (in a nation where 90% of people consider themselves to be middle class) have grown significantly since Koizumi's economic reforms – indeed, redressing this issue has become part of the policy platform of the main opposition party, the Democratic Party of Japan. Ethnic and social minorities, as well as children from single-parent families, are seriously under-represented in the university system.

Despite the ongoing elitism of the education system, employment patterns have undergone marked changes. With the era of high growth little more than a fading memory, employers are increasingly reluctant to guarantee 'life employment', which means that the rationale for employee loyalty has been undermined. The result is that younger employees are now more likely to change jobs when they are dissatisfied, rather than to stay in the hope of deferred gratification. Hence, the employment market has become rather more fluid.

In turn, relative de-emphasis on the work place as the primary focus of self-identity has led to a re-inscribing of consumer subcultures, particularly amongst the youth of Japan. The most famous and visible (but certainly not the only) of these subcultures might be the so-called *otaku* (geek), characterized by the (usually male) social introvert who spends most of their time and money in an obsessive pursuit of specific artefacts of popular culture, such as anime, manga, or video games. Cultural theorist Azuma Hiroki has referred to '*otaku* culture' as leading Japan into the postmodern world. However, for others this diverse group is the focus of occasional 'panics' about the hollowing out of urban Japanese society, the most recent of which centred on a multiple stabbing in Akihabara (the electronics district of Tokyo) in June 2008. In some ways, this social tension is emblematic of a general sense of unease and distrust between generations.

In addition to various subcultural movements, 21st-century Japan is home to a range of so-called 'new religions', many of which saw resurgence during the 1990s. The most (in)famous (but unrepresentative) of these was *Aum Shinrikyô*, the perpetrators of the sarin gas attacks on the Tokyo subway in 1995. Most of these groups are syncretic religious movements, combining elements of Shintô, Buddhism, and various folk beliefs. In fact, contemporary Japanese society has a complicated relationship with religion; a 2005 survey reported that 80%

of Japanese observed Shintô rituals and ceremonies *and* that nearly 70% considered themselves to be Buddhist.

This combination of consumerist subcultures and spiritual commitments seems to be a feature of 21st-century Japan's sprawling urban environments. Indeed, contemporary Japan is an almost entirely urban society, with only 5% of the population engaged in agriculture and with much of the rest crammed into the approximately 20% of the archipelago that is habitable, with 35 million living in Tokyo-Yokohama alone, making it the most populous metropolis in the world.

These densely packed urban environments bring with them a host of social, economic, and environmental issues, many of which are common to other industrial societies. There are tremendous pressures on health services, especially in terms of provision for the elderly, and on public works. The energy needs of the cities are huge. The transport infrastructures of Japan's cities are stretched to breaking point; the populist image of station attendants in white gloves physically pushing commuters into already stuffed subway trains is not a myth. Roads are similarly overcrowded, with 58 million cars on them. Hence, commutes into work are long and uncomfortable – about a third of all workers and students have to commute for an hour or more. Property prices in the cities are often prohibitively high, and Tokyo is still the most expensive city in the world (although some measures now give this dubious honour to Moscow). Many commentators attribute the high levels of social dissatisfaction to alienation occasioned by these urban woes.

One of the side-effects of this highly developed urbanization has been the rediscovery and re-enchantment of the Japanese countryside, which has become the focus of popular fantasies about the secret and endangered soul of modern Japan. Indeed, the government has even launched campaigns to encourage urbanites to spend more time in rural Japan, not only to improve their quality of life but also to bring them back into contact with a side of Japanese life that they feared was vanishing under the unstoppable wave of urban capitalism. Popular culture, including the world-famous *anime* of Miyazaki Hayao, has been complicit in this representation of a fantastical rural Japan, somehow preserved from the forces of modernity and held in the condition of a pristine and mythical past.

In this respect, it is interesting to reflect on the way the BBC represented Japan during the 2002 World Cup (in the introduction of this book). To some extent, the montage of the old and the new, the geisha and the bullet-train, Mount Fuji and neon streets, is actually a fairly accurate picture of some of the interleaving elements that comprise modern Japan. The key is to remember that this complicated and diverse society is not a fictional 'Eastern' society struggling with features of 'Westernization', but rather a modern society that is continuously negotiating its identity and role in a world of global capitalism. Its modernity is its own. Like many other such societies at the start of the 21st century, a pressing question for Japan is what happens after modernity, and what will be Japan's role in finding out.

Further reading

General on modern Japan

W. G. Beasley, *Rise of Modern Japan: Political, Economic and Social Change since 1850*, 3rd edn. (Weidenfeld & Nicolson, 2000)
Andrew Gordon, *A Modern History of Japan: From Tokugawa Times to the Present* (Oxford University Press, 2003)
Marius Jansen, *The Making of Modern Japan* (Harvard University Press, 2000)

Tokugawa Japan

Harry Harootunian, *Things Seen and Unseen: Discourse and Ideology in Tokugawa Nativism* (University of Chicago Press, 1988)
J. Victor Koschmann, *The Mito Ideology: Discourse, Reform, and Insurrection in Late Tokugawa Japan* (University of California Press, 1987)
Herman Ooms, *Tokugawa Ideology: Early Constructs* (Princeton University Press, 1985)
Conrad Totman, *Politics in the Tokugawa Bakufu* (University of California Press, 1988)
Bob Tadashi Wakabayashi, *Anti-Foreignism and Western Learning in Early-Modern Japan* (Harvard University Press, 1986)

Meiji Japan

Carol Gluck, *Japan's Modern Myths: Ideology in the Late Meiji Period* (Princeton University Press, 1985)
Marius Jansen, *Sakamoto Ryôma and the Meiji Restoration* (Stanford University Press, 1961)
Kenneth Pyle, *The New Generation in Meiji Japan* (Stanford University Press, 1969)
Patricia Tsurumi, *Factory Girls: Women in the Thread Mills of Meiji Japan* (Princeton University Press, 1990)
George Wilson, *Patriots and Redeemers in Japan: Motives in the Meiji Restoration* (University of Chicago Press, 1992)

Taishô and early Shôwa Japan

Andrew Barshay, *State and Intellectual in Imperial Japan* (University of California Press, 1989)
John Dower, *War without Mercy: Race and Power in the Pacific War* (Pantheon Books, 1986)
Christopher Goto-Jones, *Political Philosophy in Japan: Nishida, the Kyoto School and Co-Prosperity* (Routledge, 2005)
Harry Harootunian, *Overcome by Modernity: History, Culture, and Community in Interwar Japan* (Princeton University Press, 2001)
Germaine Hoston, *Marxism and the Crisis of Development in Prewar Japan* (Princeton University Press, 1986)

Postwar Japan

Gary Allison, *Japan's Postwar History*, 2nd edn. (Cornell University Press, 2004)
John Dower, *Embracing Defeat: Japan in the Wake of World War II* (W. W. Norton, 1999)
Andrew Gordon, *The Wages of Affluence: Labor and Management in Postwar Japan* (Harvard University Press, 1998)
Koichi Iwabuchi, *Recentering Globalization: Popular Culture and Japanese Transnationalism* (Duke University Press, 2002)
Chalmers Johnson, *MITI and the Japanese Miracle* (Stanford University Press, 1982)

Rikki Kertsen, *Democracy in Postwar Japan: Maruyama Masao and the Search for Autonomy* (Routledge, 1996)
Masao Miyoshi (ed.), *Postmodernism and Japan* (Duke University Press, 1989)
J. A. A. Stockwin, *Governing Japan: Divided Politics in a Resurgent Economy* (Blackwell Publishing, 2008)
John Treat, *Writing Ground Zero: Japanese Literature and the Atomic Bomb* (University of Chicago Press, 1995)

“牛津通识读本”已出书目

古典哲学的趣味
人生的意义
文学理论入门
大众经济学
历史之源
设计，无处不在
生活中的心理学
政治的历史与边界
哲学的思与惑
资本主义
美国总统制
海德格尔
我们时代的伦理学
卡夫卡是谁
考古学的过去与未来
天文学简史
社会学的意识
康德
尼采
亚里士多德的世界
西方艺术新论
全球化面面观
简明逻辑学
法哲学：价值与事实
政治哲学与幸福根基
选择理论
后殖民主义与世界格局
福柯
缤纷的语言学
达达和超现实主义
佛学概论
维特根斯坦与哲学
科学哲学
印度哲学祛魅
克尔凯郭尔
科学革命
广告
数学
叔本华
笛卡尔
基督教神学
犹太人与犹太教
现代日本
罗兰·巴特
马基雅维里
全球经济史
进化
性存在
量子理论
牛顿新传
国际移民
哈贝马斯
医学伦理
黑格尔
地球
记忆
法律
中国文学
托克维尔
休谟
分子
法国大革命
民族主义
科幻作品
罗素
美国政党与选举
美国最高法院
纪录片
大萧条与罗斯福新政
领导力
无神论
罗马共和国
美国国会
民主
英格兰文学
现代主义
网络
自闭症
德里达
浪漫主义
批判理论

德国文学
戏剧
腐败
医事法
癌症
植物
法语文学
微观经济学
湖泊
拜占庭
司法心理学
儿童心理学
时装
现代拉丁美洲文学
卢梭
隐私
电影音乐
抑郁症
传染病
希腊化时代
知识
环境伦理学
电影
俄罗斯文学
古典文学
大数据
洛克
幸福
免疫系统
银行学
景观设计学
神圣罗马帝国